孙子兵法解析

任 力
魏 鸿 编 著
高润浩

五洲传播出版社

图书在版编目（CIP）数据

孙子兵法解析 / 任力，魏鸿，高润浩著. -- 北京：五洲传播出版社，2023.1

ISBN 978-7-5085-5000-8

Ⅰ. ①孙… Ⅱ. ①任… ②魏… ③高… Ⅲ. ①兵法－中国－春秋时代 ②《孙子兵法》－研究 Ⅳ. ①E892.25

中国版本图书馆CIP数据核字(2022)第246519号

孙子兵法解析

编 著 者：任　力　魏　鸿　高润浩
总 策 划：钱利华
策　　划：耿雁生　杨宇军
顾　　问：吴如嵩
统　　筹：黄继谦　邢蓬宇
责任编辑：黄金敏
美术编辑：吕　龙
出版发行：五洲传播出版社
地　　址：北京市海淀区北三环中路 31 号生产力大楼 B 座 6 层
邮　　编：100088
发行电话：010-82005927　010-82007837
网　　址：http://www.cicc.org.cn　http://www.thatsbooks.com
印　　刷：北京市房山腾龙印刷厂
版　　次：2023 年 1 月第 1 版第 1 次印刷
开　　本：787 毫米 × 1092 毫米　1/16
字　　数：150 千字
印　　张：15.7
定　　价：98.00 元

目　录

前 言

《孙子兵法》是产生于2500年前的军事理论著作，也是目前可以见到的世界第一部军事理论著作。它是中国战略理论的经典之作，是中国人战略思想和谋略艺术的结晶。可以说，不了解《孙子兵法》，就不可能了解中国的战略文化和军事传统。

《孙子兵法》的作者叫孙武，后人尊称他为孙子。孙子生活在公元前6世纪中国的春秋时期，是著名思想家孔子同时代的人。孙子出生在位于中国华北平原东部的齐国，是齐国贵族田氏家族的后裔。齐国在春秋时期是一个大国，人口众多，物产丰富，农业和工商业发达。齐国的开国之君姜尚，是帮助周王朝的开创者周武王灭亡商朝的杰出军事家，被称为中国“谋略之祖”。比孙子略早一点，齐国的田

孙子像

氏家族还出了一位司马穰苴，也是著名的军事家。据记载，姜尚和司马穰苴都有军事著作传世，所以齐国是有深厚兵学文化传统的诸侯国。孙子生长在齐国，也必然受到这种优良传统的熏陶和影响。春秋时代后期，中国发生了社会大变革，齐国的政局动荡不安，包括田氏在内的各大家族展开激烈的政治斗争，内乱频仍。孙子为避免卷入这场纷争，千里跋涉，投奔位于南方长江流域的吴国。吴国虽然是一个江南小国，但国势正处于上升时期，充满了朝气。吴王阖闾励精图治，锐意进取，广揽天下人才，图谋建立霸业。孙子认为吴国正是他建功立业、施展才学的用武之地。

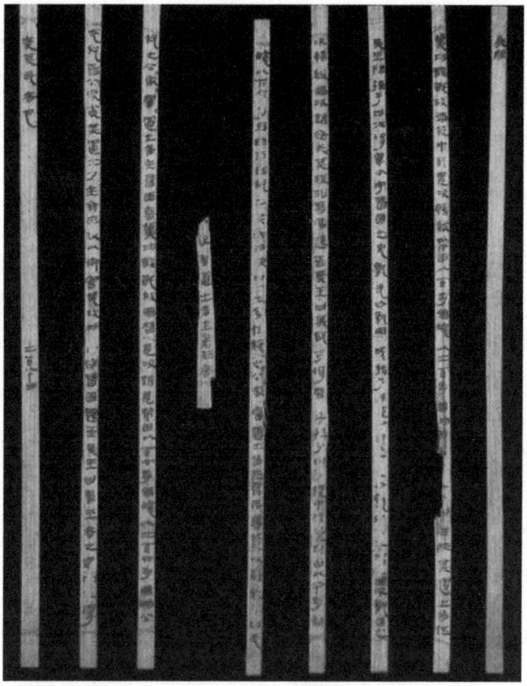

银雀山汉简《孙子兵法》

到吴国不久，大约在公元前512年，孙子将他所著的兵法十三篇献给吴王。吴王阖闾对孙子的兵法著作十分赞赏，于是招孙子进宫当面考察他的实际能力。汉代史学家司马迁写的《史记》，生动而细致地讲述了孙子进入吴宫后发生的故事。吴王在宫中接见了这位当时并不著名的军事理论家，他对孙子说：先生写的兵法十三篇我都看过了，能在这里演练一下吗？孙子答，可以。吴王又问，能用妇女演练吗？孙子答，可以。于是吴王将 180 个宫女交给孙子来训练。孙子把宫女分作两队，由吴王宠爱的两位妃子分别担任队长。孙子又将一种叫做“戟”的长柄兵器分发给他的“士兵”们，在详细讲解了阵法的动作要领后，孙子问：你们听懂了吗？宫女们回答，听懂了。孙子命卫士在训练场边摆设行刑用的斧钺，反复讲述了军法军令的含意。然后，击鼓传达全体向右转的命令。但宫女们以为在做游戏，立在原地，笑声一片。孙子说，是我讲得不够清楚，这是我的过失。于是又把要领和法令细致讲了几遍，然后再次击鼓传令全体向左转，可这些年轻的女孩子们还是大笑不止。孙子肃然道，如果要领和法令讲解不明，这是将领的责任；如果要领和法令已经明确，下属却不执行，这就是下级军官的责任了。下令将两

吴宫教战图

名队长推出斩首。此时坐在高台上的吴王见到爱妃即将问斩，大惊失色，急忙派人阻拦孙子说，我已经知道将军会用兵了！我若没有这两位美人的陪伴，饭也吃不下，觉也睡不着，请将军饶了她们吧。孙子回答，我已获得将领的授权，将领在军中，不受国君的约束？坚持按军法从事，将两名队长斩首示众。然后重新任命两名队长，又一次击鼓传令。这次宫女们立刻遵照执行，进退左右每个动作都整齐一致，符合规范，队列中再也听不到任何的嬉笑喧哗。于是孙子派人禀报吴王，队伍已经训练完毕，请君王检阅，定能遵从君王的意志，即使赴汤蹈火也不会退缩。

通过这个故事，我们可以从多个角度来认识孙子其人，来揣测他在与吴王第一次会面时所要传达的信息：1. 孙子是一位非常重视军令军纪的军事家，他用事实告诉吴王，只有军纪严明才能训练出一支强大的军队；2. 孙子是一位深刻理解战争本质的军事家，以他的行动警示吴王，战争不是儿戏，轻易发动战争会造成惨痛的后果；3. 孙子是一位特立独行的军事家，他告诫吴王，一旦将军队指挥权授予将领，君主就不要随意干预将领的行动。这其中哪个判断更接近真实呢？也许三个判断都是真实的，我们可以得出的结论是，孙子是一位才能出众而又个性鲜明的军人！吴王阖闾也是这样认为的，所以他宽恕了孙子斩杀爱妃的举动，正式拜孙子为将军。吴王的明智之举获得了回报，吴国在孙子和他杰出的军事理论指导下，战胜了当时的大国楚国，并迫使曾经的

苏州穹窿山孙武像

霸主齐国、晋国屈服，实现了称霸天下的理想。

遗憾的是，历史对孙子这位传奇人物只留下零散的文字记录；幸运的是，历史给我们留下了一部完整的《孙子兵法》。《孙子兵法》约 6000 字，由 13 个篇章组成。这 13 篇各有主题，可以独立成章。同时它们又有内在的逻辑联系，构成了孙子博大精深的军事理论体系。大体上说，第 1—3 篇论述战争的总体筹划和战略指导问题，第 4—6 篇提出一系列有关作战指挥的谋略思想和基本原则，第 7—12 篇讨论了军队在战场上将会遇到的各种问题及其处置方法，第 13 篇阐述了孙子关于使用间谍获取军事情报的思想。在战争的战

苏州虎丘孙武亭

略指导上，孙子主张慎重决策，反对君主、将帅单凭主观意志和意愿轻率发动战争；战争决策者应在对敌我双方力量进行准确评估，并对战争进行充分的筹划、准备以后，再进行战争；解决战争问题应优先选择政治、外交等非暴力手段，迫使对方屈服于我方意志，谋求理想的全胜结果；为避免战争给国家和军队带来巨大消耗，应尽量缩短战争持续的时间并在敌占区获得补给。在作战指导上，孙子主张运用欺骗和灵活多变的策略，通过对敌方的误导、限制和削弱，造成对我有利对敌不利的态势，使我方占据绝对优势地位，从而很轻易地战胜敌人；充分地掌握敌方、我方以及气候、地理方面的信息，同时尽可能地以假象迷惑敌方，隐藏我方的真实信息；以防守使我方处于不败之地，以进攻战胜处于必败之地的敌方；综合运用正规战法和非正规战法；采取各种策略达成作战行动的突然性；夺取和把握战场的主动权；集中我方兵力，分散敌方兵力，以优势兵力打击敌人；避开敌方强点，打击敌方弱点；根据敌方情况灵活采取不同的谋略和战法。在战场指挥和处置方面，孙子的论述涉及了如何争夺先机之利的问题，如何把握进攻时机的问题，如何在各种地形条件下实施正确指挥的问题，如何根据自然现象和敌方动向准确判断敌情的问题，如何利用险恶环境激发部队战斗潜力的问题，如何组织远程奔袭行动问题，如何有效利用水火等自然力作为辅助进攻手段的问题等等。在使用间谍获取情报方面，孙子着重指出，全面了解和掌握敌情，做到“先知”，是战争决策的前提、军队行动的依据和克敌制胜的保障，一切军事活动都应建立在“先知”的基础之上。《孙子兵法》还探讨了君主与将领的关系、将领的能力和素质、士兵的管理和指挥、战后巩固胜利成果等一系列与战争相关的问题。

综观《孙子兵法》的理论体系，其结构和内容从宏观到微观、从抽象到具体、从战争的准备和决策到战争的实施和处理战后问题，覆盖战争的全过程。全书论述精辟，观点独到，语言典雅而简约，富于智慧和哲理，深刻揭示了古代战争和战争指导的基本规律，对现代战争仍然具有十分重要的启示意义，堪称军事思想和战略理论的经典巨著。与克劳塞维茨的《战争论》等西方经典军事理论比较，孙子的思想中包含了一些对于战争问题的截然不同的理解和指向。例如，在打击目标上，西方经典军事理论强调通过消灭对方的军事力量以赢得战争胜利，孙子则倾向于通过攻击对方的政治、外交和心理等支撑环节，迫使对方屈服，达到我方目的；在打击手段上，西方经典军事理论主张运用直接的暴力手段解决问题，孙子则更提倡以政治、外交、谋略等间接的非暴力手段解决问题；在打击的方法和策略上，西方经典军事理论借鉴物理学原理，主张“重心”对“重心”，即以我方力量和质量最密集的强点撞击和摧毁对方相应的强点，以大规模会战的形式决定战争胜负；孙子则受到自然界中流水“避高而趋下”的启示，认为在空间和时间上的“避实而击虚”是更为明智的选择。这些都显示出东西方战略文化传统的差异。

克劳塞维茨像

《孙子兵法》塑造了中国传统军事思想的基本框架和理念，对中国的军事家和军事理论著作产生了重要的影响。孙子思想的影响力还超越了中国，辐射到其他国家。大约在公元 7 世纪，《孙子兵法》通过外交使者和留学生被传播到朝鲜和日本，受到极大尊崇。1772 年，法国耶稣会教士、著名汉学家钱德明（Jean Joseph Marie Amiot 1718–1793）把《孙子兵法》和另外两种中国兵法译成法文，命名为《中国军事艺术》，在巴黎出版，《孙子兵法》

由此传入西方。迄今为止，《孙子兵法》已被译成朝、日、越、泰、缅、马来、波斯、法、英、俄、德、意、丹麦、荷兰、捷克、希腊、西班牙、罗马尼亚、亚美尼亚、阿拉伯、西伯莱等 20 多种文字，成为人类共同的思想宝库和文化遗产。在 20 世纪中期以后的世界和平时期，《孙子兵法》还受到政界、商界、外交界、体育界人士的喜爱和重视，世界一些著名院校将其列为必读书，当今的很多重要人物从中受益，获得了战略思想和谋略艺术的启示。

泰文版（左）、英文版（中）和中英对照《孙子兵法》（右）书影

缅文版（左）与越文版《孙子兵法》书影

为了增进中外人士对《孙子兵法》以及中国战略文化传统的了解，促进中国与各国的军事文化交流，我们编写了这本《孙子兵法解析》，力求以文图并茂的形式，配合古今中外战争实例，对《孙子兵法》原文和孙子的思想进行权威准确、深入浅出的诠释。本书的《孙子兵法》原文采用流行最广泛的宋代《孙子》十一家

注本，编写人员均为中国孙子兵法研究会的资深学者，该研究会首席专家吴如嵩担任本书的学术顾问，高水准的翻译和编辑工作也将为本书增色。本书将以中、英、俄、法、德、西班牙六种文字陆续出版，在全球发行。

编者

2012 年 12 月

第一篇 《计篇》

提要：《计篇》论述战争开始之前对战争进行战略顶层设计的问题。孙子认为，战争是国家的大事，一定要认真研究、周密筹划、慎重决策。《计篇》探讨了两个有关战争的重大问题：一是战争胜负的决定因素是什么；二是战争指导的根本法则是什么。这是军事理论必须首先回答的根本性问题，是探讨其他战争问题的基础。孙子对这两个问题的答案体现了他对战争和战争指导规律的基本认识，同时也是其军事理论的立足点。

【原文】

孙子曰：兵者，国之大事，死生之地，存亡之道，不可不察也。

故经之以五事，校之以计，而索其情：一曰道，二曰天，三曰地，四曰将，五曰法。道者，令民与上同意也。故可以与之死，可以与之生，而不畏危。天者，阴阳、寒暑、时制也。地者，远近、险易、广狭、死生也。将者，智、信、仁、勇、严也。法者，曲制、官道、主用也。凡此五者，将莫不闻，知之者胜，不知者不胜。

故校之以计而索其情，曰：主孰有道，将孰有能，天地孰得，法令孰行，兵众孰强，士卒孰练，赏罚孰明。吾以此知胜负矣。

将听吾计，用之必胜，留之；将不听吾计，用之必败，去之。计利以听，乃为之势，以佐其外。势者，因利而制权也。

兵者，诡道也。故能而示之不能，用而示之不用，近而示之远，远而示之近。利而诱之，乱而取之，实而备之，强而避之，怒而挠之，卑而骄之，佚而劳之，亲而离之。攻其无备，出其不意。此兵家之胜，不可先传也。

夫未战而庙算胜者，得算多也；未战而庙算不胜者，得算少也。多算胜，少算不胜，而况于无算乎！吾以此观之，胜负见矣。

【白话今译】

孙子说：战争是国家的大事，军民死生之所系，国家存亡之规律，是不可不重视和研究的。

所以，要从五个方面对敌我双方的情况进行考察，通过计算进行比较，以预知战争胜负的结局。这五个方面一是政治，二是天时，三是地利，四是将领，五是法制。所谓政治，是指要使民众与君主的意志相统一，可以与君主同生共死，而不避危难。所谓天时，是指昼夜、季节、气候的规律。所谓地利，是指路途远近、地形险易、地面宽窄、死地生地。所谓将领，是指智谋、诚信、仁慈、勇敢、严明的能力素质。所谓法制，是指军队的编制体制、职官的管理方法以及军需物资的管理使用。凡属这五个方面的问题，将领没有不知道的。但只有深入了解和掌握才能取得战争的胜利；不能深入了解和掌握的就无法取得胜利。

所以，要从以下七个方面对敌我双方的情况进行比较，以预测战争的胜负：哪一方的君主政治清明，哪一方的将帅贤能，哪一方占据天时地利，哪一方能令行禁止，哪一方武器装备先进，哪一方士卒训练有素，哪一方赏罚严明。我依据这些，就可以判断战争的胜负结局了。

将领能听从我的决策，任用他必定能取得胜利，就留下他；不能听从我的决策，任用他必定会失败，就让他离去。

决策正确并被执行，就造成一种有利态势，以作为外在的辅助条件。

所谓有利态势，就是根据我方利益的轻重而灵活运用策略。

用兵打仗，必须采取诡诈变化的方法。所以，有实力却要假装没有实力，使用武力却要假装不想使用武力，要向近处却假装要向远处,要向远处却假装要向近处。敌人贪利,就用小利诱惑他；敌人混乱，就乘机攻取他；敌人力量充实，就做好准备等待时机；敌人强大，就避开他的锋芒；敌人士气高昂，就挫伤他；敌人谦卑谨慎，就设法使他骄傲；敌人体力充沛，就设法使他疲劳；敌人和睦团结，就设法使他离心离德。在敌人没有防备之时发起攻击，对敌人意想不到之处实施打击。这是兵家取胜的奥秘，是不可预先言传的。

没有交战而在“庙算”中预计能取胜，是因为具备的胜利条件比较多；没有交战而在“庙算”中预计不能取得胜利，是因为具备的胜利条件比较少。胜利条件多的能够取胜，胜利条件少的不能取胜，何况没有胜利的条件呢！我用这样的方法，胜负就可以预见了。

【术语解释】

计：计算、运筹、谋划。在《孙子兵法》中指战前的战略谋划和预测。孙子认为，必须先操胜算，然后才能出兵作战，这是用兵的第一要义，故将《计篇》列为全书之首。

权：原指秤锤，它要根据所称物体的轻重而移动，所以在汉语中有权衡、变化等含义。孙子主张谋略运用的根本依据是对己方获胜是否有利，战争决策的根本依据是对国家是否有利。

诡道：战争中对敌方采用的欺骗、权变等方法和艺术，是军事谋略的核心内容。孙子认为，战争指导的根本法则是通过诡道来误导和削弱对手，造成敌我实力不对称的有利态势，进而以较小的代价夺取战争的胜利。

【思想要点】

"庙算"——孙子告诉决策者如何谋划战争

在中国古代，一国君主祭祀祖先的场所称为"庙堂"。国家的军政大事都要拿到庙堂之上来讨论和决定，称为"庙算"。庙堂之上，排列着历代先祖的牌位，气氛庄重而肃穆，决策者们在这样的地方对战争进行谋划，表现出中国古人对战争的审慎态度。孙子认为，战争攸关国家的存亡、军民的死生，所以在战争开始之前，决策者必须经过细致周密的"庙算"筹划，做出正确的战争决策，然后再付诸行动。孙子对"庙算"筹划的设计，包括分

北京太庙——中国明清皇帝祭祀祖先的场所

析敌我力量、预测战争胜负、制定战争方略等环节，大致相当于现代战争中战略决策所包含的内容。此外，孙子还讨论了对战略决策的执行问题。他认为，一旦“庙算”完成，形成决策，就要选用能够执行决策的将领，撤换不能执行决策的将领，以确保将正确的战争决策转化为胜利的军事行动。

我们对孙子论述“庙算”过程可以做这样的推测：庙堂之上，决策者们手持一种称作“算筹”的计算工具，对敌我双方长处和短处、优势和劣势作出细致的比较和计算，可能得出了三种结果：“多算”、“少算”、“无算”。“多算”也是“胜算”，即取胜的条件多、概率大；“少算”，即取胜的条件少、概率小；“无算”，即没有取胜的条件，胜利的可能性为零。这样，战争的胜负结局就一目了然了。决策者们再以此为依据，来讨论和决定是否进行战争、如何进行战争等战略性问题。这是“庙算”的一个基本程序。这一过程有时也会在野外作为临时指挥部的军帐中进行，

牺尊
牛的形象雄健，此尊可能是仿水牛形象铸造。

商代牺尊

但谨慎的态度和理性的计算却丝毫不打折扣，因为它绝非礼仪形式，而是决定着战争进程和结果的必要步骤，中国古人称之为“运筹于帷幄之中，决胜于千里之外”。

孙子的“庙算”思想对中国古代战争决策理论的形成和发展起到了奠基作用，使中国在两千多年前就已具备了比较完整、系统的战争决策理论，这在中国乃至世界军事思想史上都具有重要意义。它的产生，使战争决策更具科学性、指导性和规范性，进而使战争成为一种更加理性和更加可控的活动。发生在 20 世纪 50 年代的朝鲜战争，是二战以后规模最大的局部战争。在中国军队参战以前，新中国的领导人对入朝作战进行了周密的战略运筹和充分的战争准备，很好地继承了孙子的“庙算”思想。

中国抗美援朝战争的决策和准备

1950 年 6 月 25 日，朝鲜战争爆发。对此，中国领导层始终高度重视并采取了相应的防范行动。

7 月 7 日和 10 日，中国政府中央军事委员会根据毛泽东的提议，由周恩来主持召开了两次会议，对面临的战争问题进行高层战略筹划，研究加强边防力量、组建东北边防军问题。13 日，中国领导人作出决定，以原第四野战军第 13 兵团为主，组建东北边防军，共计 25.5 万人，并立即调往中国东北部边境城市安东（今丹东）、辑安（今集安）、本溪一带驻防。

毛泽东与彭德怀

9月6日，第50军又编入东北边防军。此外，还增编4个飞行团，3个战车旅，18个高射炮团及10个军的直属炮兵。同时，将3个航空兵师，15个高射炮团和1个探照灯团，分别部署于东北及沿海大城市，担任对空防御。

9月15日，美军7万余人在仁川港登陆，朝鲜战局发生重大变化。28日，美军占领汉城。这年的10月1日是新中国的第一个国庆日，当天，朝鲜领导人金日成向中国发来了请求出兵支援的急电。在此后的一段时间里，中国的决策层运筹帷幄，围绕是否出兵的问题先后多次召开会议，全面、认真地分析朝鲜战局的发展趋势，及其可能对中国安全和国际局势造成的影响，交战各方的力量对比，中国军队参战的利弊得失，苏联的军事援助等因素，经过反复权衡，最终作出了组建中国志愿军入朝参战的战略决策。

10月7日，美军在开城地区越过三八线，向北推进，将战火烧到中朝分界线鸭绿江边和中国境内，派出B-29重型轰炸机和其他作战飞机，对中国的边境城市安东、辑安等地进行频繁的轰炸和扫射，炸毁建筑物、工厂及车辆，炸死炸伤中国平民，袭击正常行驶的商轮。同月，美国还派飞机袭扰青岛、烟台等地，大有将战事从中朝边境进一步扩大之势。8日，毛泽东致电时任驻朝鲜大使的倪志亮，并让其转金日成：根据目前形势，我们决定派遣志愿军到朝鲜境内帮助反对侵略者；由彭德怀担任志愿军司令员兼政治委员，后方勤务工作及其他在东北境内有关援助的工

中国志愿军跨过鸭绿江

作由高岗负责。13日，毛泽东就出兵问题，与彭德怀、高岗和其他政治局委员再次商量。大家一致认为，即使苏联不派空军支持，在美军越过三八线大举北进的情况下，我们仍然坚持出兵援朝不变。当天，毛泽东把这个决定电告周恩来：我们认为应当参战，必须参战。参战利益极大，不参战损害极大。15日，初步拟定了志愿军参战部队出动的时间。19日晚，中国人民志愿军渡过鸭绿江，抗美援朝战争拉开了序幕。

中国领导人对入朝作战的高度重视、认真筹划和正确决策，为中国军队赢得开局的主动和最后的胜利、最大限度地维护国家安全，创造了必要的条件。

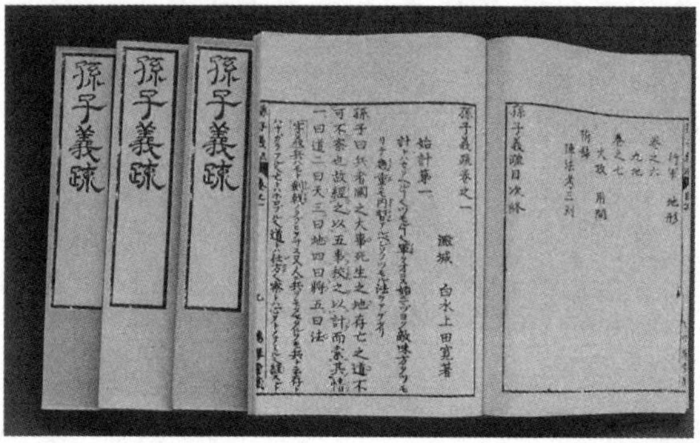

1771年日文版《孙子义疏》书影

孙子“庙算”思想使后人更加重视战前进行战略谋划和决策的重要性，但在中国历史上也出现了过分夸大了“庙算”作用的现象。一些人认为战前决策可以解决战争过程中的所有问题，追求所谓“算无遗策”，也就是无风险决策，似乎只要战前筹划周全了，就能确保百战百胜，忽视了战争特有的复杂性和战场情况的瞬息万变。在中国的宋朝（公元960年—1279年），皇帝赵光义喜欢在战争开始前，把他本人预先设计好的方略和阵图（军队作战的阵形和阵法）告诉即将出征的将领，命令他们到战场上严格执行。这种做法剥夺了将领在前线根据实际情况临机处置的权力，限制了将领指挥才能的发挥，并不符合孙子的本意。孙子在他的理论中明确提出君主不要随意干预前线将领的指挥（“将能而君不御”）和要根据具体敌情采取机动灵活的作战方法（“因敌而制胜”），在孙子的军事理论中，“庙算”虽然很重要，但毕竟只是战争指导的一部分，“庙算”不能取代其他战争指导活动，这是不言而喻的事。

决定战争胜负的五个要素

战争的胜负是由什么决定的呢？是什么因素将战争引向胜利，或导致战争失败？这是困扰古今军事家们的一道难题。早在2500年前，孙子就对这一问题做出了回答：“道、天、地、将、法”这五大要素决定战争的胜负结局，人们认识战争、筹划战争、打赢战争都要从这五个方面着眼。道，指治国之道，包括国家的政治、君主的威望，以及与此相应的民心向背等内容，这是进行战争的政治条件；天，指昼夜、季节、天文、气象等方面的各种因素，这是战争所依托的时间条件；地，指地形、地貌、地物，以及军队所处的相对位置等地理因素，这是战争所依托的空间条件；将，指将领的智慧、诚信、仁慈、勇敢、威严五种素质，这是将领管理和指挥军队的能力素养；法，指军队的组织、编制、法规、制度等方面的情况。孙子认为，上述五个要素是决定战争胜负的主要条件，君主和将领在定下决心、做出战争决策之前，必须首先对敌我双方这五个要素的优劣强弱从七个方面进行综合的、客观的评估和比较。具体来说，就是分析和比较双方君主的施政能力、将领的指挥和治军能力、所占据的天时地利、军队的数量和质量、士兵的训练水平、军队的法规制度和执行情况等等。这是战争决策的前提，也是“庙算”的重要内容之一。由此我们可以看到，孙子把实力作为打赢战争的基本条件，他对战争胜负的预测首先是建立在实力分析基础上的。

在本篇以外的其他篇中，孙子对决定战争胜负的因素还有更丰富的论述。如在《形篇》中孙子提出了将国家的战争潜力和综合实力纳入战争评估系统的思想。又如《谋攻篇》认为战机的把握、兵力的使用，以及官兵关系、君臣关系等，

商代战车复原模型图

也会直接或间接影响到战争的结果，这里孙子更强调了人的主观作用。

孙子关于五大要素决定战争胜负的论述，包含了综合因素制胜的思想。道、天、地、将、法这五个要素，比较全面地概括和总结了冷兵器时期在敌我对抗的战争活动中起决定作用的基本因素。孙子认识到，战争的胜负结局是这些要素综合作用的结果，而不是由某个单一要素决定的。这一论述包含了辩证法思想，反映出孙子对战争规律的认识达到了很高的水平。毛泽东在上世纪30年代对中国抗日战争的科学预见就体现了孙子综合因素制胜的思想，他全面分析、比较了当时中日双方的各种取胜条件和因素，准确预见了战争的进程和结局。

毛泽东对中国抗日战争进程和结局的判断

1937年7月7日，卢沟桥事变爆发，日本发动了全面侵华战争。面对日本侵略者的大举入侵，亡国论的悲观主义和速胜论的盲目乐观，在相当一部分中国人中迅速弥漫。以毛泽东为首的中国共产党人，坚信战争胜负取决于敌我双方的综合条件，据此全面分析中日双方的各种因素，较早地准确预见了抗战的特点、方式、进程和结局。

早在1936年7月，毛泽东在同美国记者埃德加·斯诺谈话时就指出，抗日战争必然是持久取胜。但是，直至中国全面抗战开

毛泽东1938年在延安撰写《论持久战》

始10个月后，这一判断仍未得到广泛认同。

为了进一步宣传持久战思想，1938年5月26日至6月3日，毛泽东多次到延安抗日战争研究会发表演讲，依据综合因素决定战争胜负的观点，全面分析中日双方的优劣条件，系统阐述了抗日战争为何必然是中国人民以持久战取得最后胜利的原因和依据。

在热烈的掌声中，毛泽东开始了演讲。他先批评了错误的观点："抗战十个月以来，一切经验都证明下述两种观点的不对：一种是中国必亡论，一种是中国速胜论。"[1] 这些错误观点的思想基础在于，"他们看问题的方法都是主观的和片面的，一句话，非科学的。"[2] 接着，他提出了得出科学结论的方法，那就是，必须"反对战争问题中的唯心论和机械论的倾向，采用客观的观点和全面的观点去考察战争"。[3] 这一方法，与孙子所主张的综合分

[1] 《毛泽东选集》，中国·北京：人民出版社，1991年版，第2卷，第441页。
[2] 《毛泽东选集》，中国·北京：人民出版社，1991年版，第2卷，第442页。
[3] 《毛泽东选集》，中国·北京：人民出版社，1991年版，第2卷，第447页。

析观点是一致的，实质上是马克思主义的战争认识方法。其要点包括以下两个方面：

一是综合各种因素，全面分析力量对比。毛泽东指出，敌我对比的分析，要依据全部对比的基本因素。为此，他着重从强弱、大小、性质和外部条件四个方面，对中日双方的优劣长短进行系统对比。他指出，就力量强弱来说，日本是一个强的帝国主义国家，它的军力、经济力、政治组织力和文化方面都是强的；中国是一个半封建半殖民地国家，在军力、经济力等方面都是弱的。就性质来说，日本帝国主义处于退步阶段，其发动的侵华战争是非正义的、具有野蛮性；而中国则处于历史上的进步和上升时期，其从事的反侵略战争是正义的。就大小来说，日本是小国，其人力、军力、财力均感缺乏，经不起长期战争；而中国则是一个很大的国家，地大、物博、人多、兵多，能够支持长期战争。在外部因素方面，日本失道寡助，中国得道多助。总之，敌强我弱、敌小我大、敌退步我进步、敌寡助我多助，这些是中日双方各种因素对比的基本特点。这些特点相互结合在一起，便形成日本帝国主义的相对的强与中国的相对的弱。这就是中日力量对比的

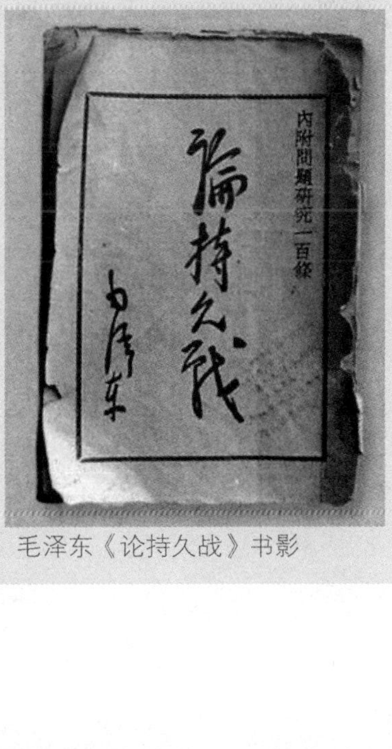

毛泽东《论持久战》书影

基本情况。

二是依据力量消长，准确预见战争进程和结局。毛泽东指出，中日双方各种因素和力量的消长，使抗战必然是一场持久战，这场持久战将出现三个阶段。在抗战开始阶段，由于敌我对比悬殊太大，敌之缺点一时还没有也不能发展到足以减杀其强的因素之必要的程度，我之优点一时也没有且不能发展到足以补充其弱的因素之必要的程度，所以，出现有利于敌的力量不平衡。这一阶段，是敌之战略进攻、我之战略防御的时期；敌能得到一定程度的胜利，我则将遭到一定程度的失败。第二阶段即战略相持阶段。在这个时间内，敌我力量对比将发生巨大的相反的变化，中国将逐渐上升，日本则逐渐下降。那时中国将脱出劣势，日本则脱出优势，双方达到平衡的地位。第三阶段，是收复失地的反攻阶段。在这一阶段，中国的力量继续生长，加上国际力量和敌国内部变化的因素，会出现我上升到优势而敌陷入劣势的情况。最后，经过长期和残酷的抗战，中国人民必将取得抗战的胜利，日本帝国主义必然失败。

毛泽东的这一精辟分析，像沉沉暗夜中点亮的一盏明灯，指明了抗战的方向，也坚定了中国抗战军民的信心。后来的历史证明，毛泽东对中国抗日战争进程和结局的判断是极具预见性的。

孙子以实力分析预测战争结果的思想，是对军事理论的创新。孙子剔除了以往战争预测活动中一些非理性的、主要是以占卜和星象预测战争胜负的内容。在中国的商周时期（公元前 17 世纪—公元前 4 世纪），人们大多借助龟甲、筮草等占卜手段或通过观察星象来预测战争的胜负，殷商甲骨文中有关战争预测的占卜文字占了很大一部分，专门用于占卜的典籍《周易》中也有预测战争的内容，根据星象推测战争结果的记载也屡见于《左传》等春秋时期（公元前 8 世纪—公元前 5 世纪）的古籍文献中。

中国商代占卜用的龟甲

晋文公预测战争胜负的方法

春秋时期，晋国的君主晋文公即位后，遇上周王室内乱，他的大臣狐偃建议出兵保卫周王，为晋国获得良好的国际名声。晋文公拿不定主意，令手下先以龟甲占卜，然后又以筮草占卜，得到吉利的预示，这才决定出兵。后来，晋文公在与楚国的城濮之战前夕，用星象来推测战争的结果。他充满忧虑地对大臣咎犯说：从太岁星的方位看，我军面对太岁，楚军背靠太岁；彗星出现，扫帚柄在楚军一方，扫帚头在我军一方；我又梦见与楚王打架，楚王在上我在下。这些都是对晋国不利的预兆，这仗是不能打了。聪明的咎犯巧妙地对这些星象作出另一种解释，得出对晋国有利的结论，才说服晋文公重新鼓足了战争的勇气。

这种用占卜、占星和占梦来判断战争胜负和敌我优劣态势的做法，在当时是普遍现象。对于这些基于原始巫术的战争预测方法，孙子予以了否定和摈弃，取而代之的是具有科学理性的基于实力分析的预测方法，体现了孙子的唯物论思想。

山东惠民孙子兵法城

孙子将“道”（政治）置于制胜诸因素的首位，认为君主应该采用政治手段来聚集民意，使人民与统治者同心同德、休戚与共，这是取得战争胜利的首要条件，揭示了政治与军事、君主与百姓、民心向背与战争结局的内在联系。应该指出的是，孙子关于“道”的论述虽然体现了对民众作用的重视，但他所说的“道”是一种只有实用功利目的、没有道义标准和价值评判的“道”，是一种自上而下、以君主意志统一民众意志的“道”。也就是说，孙子只强调政治的结果，不考虑政治的内容，也不讨论君主意志的是非问题，这与当时的另一思想流派儒家基于“民本”思想而提出的、要求统治者顺应民意的“王者之师”和“仁者无敌”的主张有很大区别。在这方面，孙子的理论更加符合当时大国君主图谋霸业的需要，但从政治的进步性和民主性来看，要远逊于儒家的理论。从《孙子兵法》全书来看，孙子对与战争密切联系的政治因素并没有给予深切的关注，对战争的政治根源和性质、战争中政治策略的运用、政治手段与军事手段的相互配合等问题均没有涉及，而在孙子前后的军事理论家们大多都对这些问题有相当深入的阐述，这不能不说是孙子军事理论体系的缺憾。

“诡道”是战争指导的根本法则

孙子认为，“诡道”是战争指导的根本法则，是战争艺术的核心和灵魂。如果前面所说的“道、天、地、将、法”是对战争双方已具备的制胜条件的静态分析和对比，那么孙子的“诡道”思想就是依据不同的战争形势和充满变数的战场情况，对各种制胜条件加以动态运用的一系列方法和手段，是兵家发挥主观能动性克敌制胜的法宝。或者说，“诡道”的作用，就是为敌我双方已经获得的取胜条件做加减法，即运用指挥艺术和谋略手段，尽可能地增加我方的有利条件，削减对手的有利条件，进而确立我方的优势地位，使我方能以较小的代价获得战争的胜利。

“诡道”最重要的内涵，一是欺骗误导，二是灵活多变。有些西方学者将孙子的“诡道”解读为“欺骗”，这实际只是“诡道”的表层含义，它的深层内涵是“操纵和误导对手”。“诡道”的另

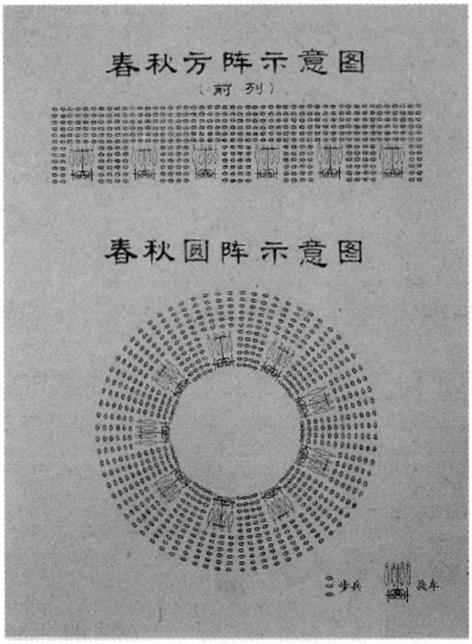

春秋时期方阵、圆阵示意图

一要点是灵活多变，它要求指挥员根据敌我双方和战场的不同情况，灵活采取各种谋略，造成对手的混乱、骄傲、沮丧、疲劳、分化等等，逐步削减敌方的实力优势和作战能力，从而创造最有利于我而不利于敌的战略和作战态势，确立我方对敌方的绝对优势。虽然孙子开列出一系列“诡道”运用方法，但这些方法并非在战场上应用“诡道”的固定模式。孙子为“诡道”确立的唯一准则是“因利而制权”，“权”的中文原义是秤砣，秤砣根据所称物体的轻重而移动，“因利而制权”即根据我方的利害轻重来决定采取什么样的策略和手段，以克敌制胜。这种策略变化，中国人又称之为“权谋”、“权变”。

孙子的“诡道”思想，体现了战争艺术的精髓，在战争中具有普遍的适用性。在西方的经典战例前，我们也可以找到运用“诡道”欺骗和误导对手的成功范例。诺曼底登陆中，盟军为隐蔽真实登陆地点，采取了一系列隐真示假欺骗性措施，成功地把德军的主要注意力吸引到加莱方向，为减少登陆行动的损失和阻力创造了有利条件。

诺曼底登陆作战前的战略欺骗

从挪威到西班牙有长达3500公里的漫长海岸线，为迅速把战争指向德国腹地，盟军决定从法国北部登陆。根据这一意图，联合参谋部拟定了加莱、诺曼底的塞纳湾等几个待选登陆点。

加莱距英国最近，便于快速航渡和海空支援，也便于登陆后收复巴黎和出击鲁尔工业区。同时，加莱离英国南部机场近，便于战斗机缩小作战半径，延长有效战斗时间；加莱良好的海滩，便于登陆、展开与保障。但加莱是德军“大西洋壁垒”的防御重点，未来登陆行动的阻力显然会大于诺曼底。诺曼底地区距英国有65海里，到达德国心脏地区的距离也比加莱远些，但此处德军防御力量则相对比较薄弱。而且诺曼底的海滩面积比较宽阔，有利于建立大型登陆场，便于大部队登陆后的展开，登陆场附近的地理条件，也有利于坦克、飞机等机械化兵器的使用。

诺曼底登陆作战中的盟军空降兵

经过盟军各方代表的激烈争辩，盟军指挥部最终决定把登陆点选在诺曼底。登陆点选定后，艾森豪威尔和蒙哥马利一面指挥未来的登陆部队在诺曼底对岸悄无声息地准备，一面制定了绝密的“坚毅行动”，在加莱方向极尽欺骗之能事，以误导德军加强对加莱方向的防范，疏于对诺曼底方向的戒备。

为吸引德军的注意，盟军在英格兰东部组建了号称有百万之众的第一集团军群，作为迷惑德军的佯攻部队。该集团军群共25个师,其中有5个装备精良的装甲师,由在德军中有巨大影响的“血胆将军”巴顿亲自指挥。这支部队组建后，艾森豪威尔故意公开把它调到加莱对岸，然后暗中隐蔽地调去准备诺曼底登陆。保留在加莱对岸的美英军队事实上只有一个营的规模。

为诱使德军相信美英盟军即将登陆加莱，巴顿将军在加莱对岸请英国电影制片厂的布景师们用帆布等道具制造了大批惟妙惟肖的假兵营、假医院、假仓库、假飞机、假大炮、假坦克，甚至还制做了假的坦克停车场、油料厂等等。伪装部队还大张声势，频繁进行演习，实施无线电欺骗，经常编造“军”、“师”、“旅”间的无线电报,故意让电台和报纸报导该“集团军群”举行足球赛、军官结婚等方面的消息。

为了让德军高层对盟军将由加莱登陆深信不疑，盟军精心策划了一场苦肉计。伦敦监督处故意把突袭德国东南部城市纽伦堡的作战计划透露给潜伏在英军里面的德军间谍，以损失战机178架、飞行员伤亡745人和被俘195人的代价，造成德军对这名间谍的高度信任。此后，盟军通过这名间谍，把一些美英将于加莱登陆的“绝密情报”不断输向德军高层。

盟军一系列巧妙的欺骗行动产生了很好的效果，导致了德军的误判。登陆前10天，希特勒根据那名间谍的情报，把部署在诺曼底的2个坦克师和6个步兵师调往加莱。6月4日，诺曼底地区的最高指挥官隆美尔元帅回国休假，并命令一线部队撤销警戒，官兵原地休假。

诺曼底登陆场景

为加强作战行动的突然性，盟军还在进攻时机选择上充分利用天候，抓住战机，出其不意地发起进攻。德军决策层接到气象专家的预报，说6月初英吉利海峡将出现暴风雨，到6月中旬才可能出现有利于登陆的天气。据此，德军判定，盟军不会在6月第一周登陆。可是，6月6日凌晨，风高浪急的英吉利海峡出现了难得的平静，连日的暴风雨暂时平息。艾森豪威尔果断决定立即采取行动，向待机而动的13700架战机、9000多艘战舰和36个陆军师下达了进攻命令，实施大规模登陆作战，最终夺取了战役的胜利。

“诡道”是《孙子兵法》中最惊世骇俗的理论，是挑战规则、突破传统的理论。在中国的西周时期（公元前 11 世纪—公元前 8 世纪），统治阶层建立了一整套礼法制度，作为上层贵族的行为规范，称为周礼。周礼中有关战争行为的规范称为军礼。孙子生活的春秋时代（公元前 722 年—公元前 481 年），战争活动的主要规则仍然是西周时期确立的古军礼。我们从《司马法》、《左传》等古籍中大致能够看到古军礼的基本面貌，其内容包括：战争的目的是讨伐不仁不义、违反礼法制度的诸侯国；战争的行动要受“礼”、“仁”、“德”等原则的约束；战争活动要以公平、对等的方式进行，不能采用偷袭、侧击、设伏等诡诈计谋。

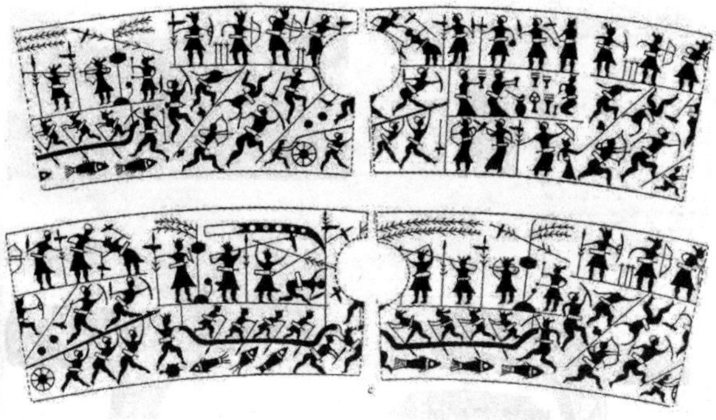
战国铜鉴水陆攻战图纹

中国古军礼对战争行为的约束

根据《司马法》、《左传》等史料文献，古军礼对战争行为有一系列规范和要求：如交战双方要事先约定作战的时间、地点，不得采用诈术；要双方列好阵势再开战，否则即使取胜也不光彩；不能乘敌国遭遇国丧或严重灾害的时机发动战争；冬季和夏

秦始皇陵铜车马

季气候严酷，所以不能发动战争，以体恤双方的百姓；作战中不许伤害敌方的伤员、不许俘虏头发花白的长者；战场上见到对方的国君要下车致敬；取胜后追击不能追得太远，不能超过一定距离，若是对方君主败逃，不要追击，以保持他的尊严；一旦对方屈服，就必须立即停止战争行动等等。西周以来，一直到孙子生活的春秋时期，诸侯之间的战争大体就是在这些细密的规则约束之下进行的。

这些规则使战争成为公正而又富于人性的竞技活动，成为贵族展现勇气和高贵品德的“游戏”。但战争终究是政治的继续，是人类对抗的极端形式，从战争的木质来说，古军礼违反

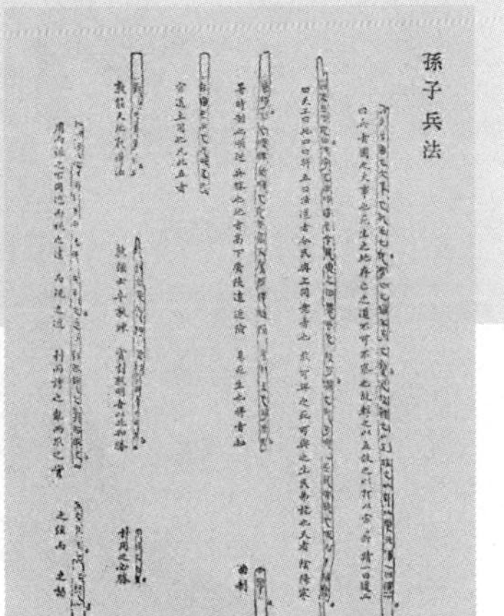

《孙子兵法》竹简摹本

了战争的内在规律，导致战争指导的刻板化、模式化，使战争艺术的运用受到很大限制。

在春秋中后期，随着贵族阶层的日益没落和战争激烈程度的日益加剧，古军礼的规范已经遇到了迅速发展的战争实践的挑战。战争的方式究竟应该恪守公平竞争的传统，还是突破传统禁锢，将诡诈谋略运用于作战指导，在当时的战争决策者之间引起了很大争议。

中国春秋时期关于战争方式的争议

宋襄公画像

在公元前638年，宋国和楚国之间发生了泓水之战。宋国军队在泓水的一侧严阵以待，楚国军队渡河而来。这时宋国的将军司马子鱼主张乘敌人半渡之际发动进攻，而以资深贵族自居的国君宋襄公却坚决反对，认为这样做有损于“仁义之师”的名声。当楚国的军队渡过泓水，正在列阵的时候，司马子鱼再次建议乘敌队形不整之际发动进攻，傲慢的宋襄公仍然不同意，认为采取这样的方法有失公正，非正人君子所为。在看到楚军列好阵形后，宋襄公才下达了攻击的命令，结果宋军大败，宋襄公负了重伤。直到临死前，宋襄公还在竭尽余力为他迂腐的决定辩解，他为了维护贵族的尊严和“游戏规则”付出了生命的代价。同样的争论在6年后发生的晋楚城濮之战中重现。当时晋国的大臣舅犯主张对楚军采用诡诈之术，另一位大臣季雍却表达了不同意见。为此，二人在国君晋文公面前展开激烈的辩论，辩论的焦点从作战思想转到谋略与人品、军事与政治的关系方面。舅犯认为，对待君子应该讲求忠信，对待敌人应该运用诡诈，二者不是一回事。季雍则认为用兵与做人、治国不可能截然分开，诡诈可以获取一时的利益，却会对国家的信誉和国民的思想带来负面影响，从而损害国家的长远利益，是竭泽而渔的做法。结果是，晋文公采纳舅犯的计谋打败了楚军，但战后却把季雍列为首功。晋文公解释说，舅犯的主张是权宜之策，季雍的主张才是长远之计，展现了政治家的智慧和远见。

在西方战争史上，有一个以重装甲步兵为中心的古典时期，这一时期在时间上与中国的春秋时期大致相当。有趣的是，主要由朴实的希腊农民组成的重装甲军团同样对欺骗、偷袭等作战方法十分鄙视，甚至希腊的法律明文规定禁止在战争中使用投射武器，因为人们认为真正的勇士应该在面对面的白刃格斗中决出胜

古希腊陶瓶绘画重装甲步兵

负。生活在公元前 2 世纪的历史学家波里比阿对古典时期的战争方式仍然津津乐道：那个时代的希腊人“不会选择使用欺骗手段去打败他们的敌人，反而认为，若非是把敌人引至公开地点然后杀掉他，就没有任何荣耀可言，即便战胜也于心不安。因此，双方有约，互相之间不用暗器或投射武器。他们确信，只有面对面短兵相接，才是战争胜负的唯一裁决方式。为了这些原因，他们得提前向对方宣布开战，通知自己进攻的时间，甚至告诉敌人自己的陈兵地点”。[1] 在公元前 6 世纪初的波希战争中，希腊人在萨拉米斯岛附近海域，运用示弱、诱敌、设伏等非正规战法重创强大的波斯舰队，从而赢得了战争的最后胜利。当时雅典的保守党人却认为这种胜利是“非英雄主义的”。直到一个世纪后，大哲学家柏拉图仍对萨拉米斯大捷给予恶评，认为雅典人的胜利使作为人的希腊人更为败坏。[2]

萨拉米斯海战

萨拉米斯海战中的希腊战舰

在新旧战争方式交替的时代，孙子的“诡道”思想从两个方

[1] 【美】杰弗里·帕克等著，傅景川等译《剑桥插图战争史》，中国·济南：山东画报出版社，2004 年版，第 19 页。
[2] 【美】杰弗里·帕克等著，傅景川等译《剑桥插图战争史》，中国·济南：山东画报出版社，2004 年版，第 22 页。

面突破了古军礼的束缚。1.“诡道”主张以不对等的方式，也就是非对称的方式进行战争。“诡道”的宗旨就是谋求一种敌我实力和状态不对等的作战环境，使我方占据优势，敌方处于劣势，使我方得以利用这种优劣差异，以较小的代价获取战争的胜利。在《军争篇》中，孙子更进一步阐述了不对等较量的思想。孙子说：“善于用兵的人，能够避开敌人的锐气，等到敌人疲惫懈怠的时候再去攻击它，这是掌握军队士气的方法。用阵形严整的己方军队来对抗阵形混乱的敌方军队，用镇定安静的己方军队来对抗轻率浮躁的敌方军队，这是掌握军队心理的方法。用接近战场的己方军队来对抗远道而来的敌方军队，用休整安逸的己方军队来对抗奔走疲劳的敌方军队，用供应良好的己方军队来对抗供应不足的敌方军队，这是掌握军队体力的方法。不去拦截旗帜整齐的敌人，不去进攻阵容强大的敌人，这是掌握机动变化的方法。”孙子主张运用“诡道”，创造一种在士气、心理、体力、阵形等诸方面均对我方有利而不利于敌方的态势，这样才能确保战争的胜利，同时能够有效降低战争的成本。这种以不对等、不公平方式打败对手的主张对于提倡公平竞争的古军礼来说，显

商代人面铜钺

太极图

然是反其道而行之的。“诡道”是孙子针对战争这一特殊对抗领域而提出的对抗法则，它有悖于一般道德规范和价值标准，却符合战争活动的本质规律和战争指导的内在要求。2.“诡道”主张打破战争的固定规范和程式，根据敌我双方和战场的不同情况，灵活采用各种手段来克敌制胜；它谋求策略上的变化，“不按常理出牌”，使敌方无法按照一般的规则对我方的意图、部署和行动作出预判和防范。所以“诡道”是突破传统古军礼有关战争规范的理论，为军事艺术的运用和发展提供了广阔的空间。

但孙子也不是完全否定古军礼，比如孙子主张要善待俘虏，认为战争的目标是使对手屈服，而不是从肉体上消灭对手；在对抗手段的选择上，他提出要优先使用谋略和外交等非暴力手段，减少和避免使用野战、攻城等暴力手段。这些思想都是对古军礼所蕴含的人性精神的继承和发扬。

孙子的“诡道”思想是当时正在发生的深刻军事变革的产物，代表了战争理论和实践的发展方向。孙子生活的时代，社会剧烈动荡，宗法制度瓦解，贵族走向消亡，礼乐制度崩坏。与此相联系，战争方式和战争指导也逐渐突破了古军礼的约束，向施谋用诈的方向转变。新的战争形态的出现，标志着战争史上一个旧时代的结束和一个新时代的到来，也对军事理论的创新提出了历史性要求。孙子站在时代军事变革的前沿，深刻认识和把握军事领域正在发生的变化及其趋势，并透过表象而洞悉战争活动的本质规律，进而大胆突破古军礼的束缚，从理论上明确地、斩钉截铁地提出“兵者诡道”、“兵以诈立”的思想，把“诡道”作为战争和作战指导的根本法则，对当时和后世的军事理论和军事实践产生了重要的引领和推动作用。

突然性原则

孙子重视进攻，尤其强调要在进攻作战中“攻其无备，出其不意”，达成突然性。孙子的突然性思想，归纳起来，有以下几点：一是通过隐蔽企图达成突然性。在发动进攻之前，要封锁消息，保守秘密；要隐蔽我方进攻的地点和时间；还要采取一系列佯动、欺骗手段，以迷惑、误导对手，由此达成作战行动的隐蔽性和突然性。二是选择对方难以预料的进攻时间、路线、方式和目标，以达成突然

冷兵器时代的快速机动兵种——骑兵

性。三是以迅速的行动达成突然性。孙子认为，迅雷不及掩耳的作战行动是实现突然性的重要前提，一旦对手有可乘之机，就必须迅速采取行动，包括快速集结、快速机动和快速发起攻击，使敌猝不及防，失去反应的时间和能力。

孙子将“出其不意，攻其无备”，以各种手段达成作战行动的突然性，作为进攻作战的主要指导思想和原则。现代战争中，突然性的原则仍然被人们所尊奉，尤其是发动战争或进攻的一方，总是千方百计地寻求战略、战役或战术层次行动的突然性，以获得速战速决的效果或初战的胜利。1981 年 6 月 7 日以色列空军对伊拉克核反应堆的空袭作战，就是一次典型的、成功的战术突袭行动。这次突袭行动完全达到了预期效果，突然性的达成是成功的主要原因。以军的攻击行动在严格保密、攻击方式和路线的选择、欺骗手段的运用等方面都符合孙子“出其不意，攻其无备”的作战思想。

以色列突袭伊拉克核反应堆

20 世纪 80 年代，中东局势处于紧张状态。以色列为保护自身的安全利益，将伊拉克耗资 4 亿美元建造的核反应堆视为对自己的“核威胁”，必欲除之而后快。面对核反应堆周围严密的防卫设施，以军决定采取空中突袭的手段，以减少损失，确保有效摧毁。为此，以空军和情报部门秘密制定了代号为“巴比伦行动”

的突袭计划，并组建了由6架F-15、8架F-16战斗轰炸机和20名优秀飞行员组成的突袭编队。根据掌握的第一手情报，突袭编队在西奈半岛的埃齐翁空军基地进行了针对性训练，并不断修改和完善作战方案。

为达成行动的突然性，以色列在实施行动前采取了严格的保密措施，突袭方案的知情范围仅限于编队成员及其指挥班子，具体行动时间则只提前一天通知突袭编队。连以色列内阁中的大部分成员也对此一无所知，以至于当贝京总理在内阁会议上宣布空军的飞机正飞往伊拉克去摧毁核反应堆的消息时，阁员们还以为贝京出现了口误，将当时与以色列关系紧张的叙利亚说成是伊拉克。

涂上约旦空军标记的以军飞机

1981年6月7日下午，突击编队启航，先是沿着沙、约边境线飞行，以利用两国雷达警戒的空隙。尔后便尽可能地降低高度，贴着起伏的地面作波浪式飞行，以减少被地面雷达发现的几率。在整个机动过程中，保持无线电静默。为隐蔽身份，突击编队还采取了必要的欺骗和迷惑手段，将所有飞机都涂上约旦空军标志，以“约旦空军，例行训练”骗过了沙特防空部队的询问，又以密集飞行，冒充民航机蒙蔽了约旦雷达站。下午6时30分，突击编队抵达目标上空，立即按分工对核反应堆的各个部分实施精确的立体轰炸，彻底摧毁了反应堆的主体建筑和深达4米的地下设施。在伊拉克强大的防空火力尚未反应过来之际，以军飞机已完成任务，撤出战斗。

突然性在现代战争中仍然是克敌制胜的主要作战原则之一，弱国往往采用偷袭的方式以增加取胜的概率，而强国也尽可能地达成各种级别作战行动的突然性，以减少取胜的代价。同时，现代预警和侦察手段的发展，以及信息传播渠道的便捷性和多样化，也给战争准备的隐蔽性和作战行动的突然性提出了新的挑战。孙子的有关论述可以给我们提供有益的启示和借鉴。

第二篇 《作战篇》

提要：在本篇中，孙子讲到了大规模战争将对国家经济造成巨大消耗，并给国家安全带来严重后果。为降低战争消耗，孙子从战略上提出了两个主张：一是尽可能缩短战争持续的时间，力求迅速赢得战争胜利；二是尽可能在敌占区就地解决粮草保障问题，减少从国内长途运输的耗费。孙子在本篇的思想观点集中体现了农耕民族对战争的审慎态度和在战争运筹方面的智慧。

【原文】

孙子曰：凡用兵之法，驰车千驷，革车千乘，带甲十万，千里馈粮，则内外之费，宾客之用，胶漆之材，车甲之奉，日费千金，然后十万之师举矣。

其用战也胜，久则钝兵挫锐，攻城则力屈，久暴师则国用不足。夫钝兵挫锐，屈力殚货，则诸侯乘其弊而起，虽有智者，不能善其后矣。故兵闻拙速，未睹巧之久也。夫兵久而国利者，未之有也。故不尽知用兵之害者，则不能尽知用兵之利也。

善用兵者，役不再籍，粮不三载；取用于国，因粮于敌，故军食可足也。

国之贫于师者远输，远输则百姓贫。近于师者贵卖，贵卖则百姓财竭，财竭则急于丘役。力屈、财殚，中原内虚于家。百姓之费，十去其七；公家之费，破军罢马，甲胄矢弩，戟楯蔽橹，丘牛大车，十去其六。

故智将务食于敌，食敌一钟，当吾二十钟；萁秆一石，当吾二十石。

故杀敌者，怒也；取敌之利者，货也。故车战，得车十乘已上，赏其先得者，而更其旌旗，车杂而乘之，卒善而养之，是谓胜敌而益强。

故兵贵胜，不贵久。

故知兵之将，生民之“司命”，国家安危之主也。

【白话今译】

孙子说：按照用兵作战的一般规律，如果出动轻型战车千辆，重型战车千辆，军队十万，越境千里运送军粮，那么前方、后方的费用，帐下幕僚的开支，器材物资的供应，车辆兵甲的维修保养，每天都要耗费千金之巨，然后十万大军才能够出征。

用这样的军队去作战，就应力求速胜。旷日持久就会使军队疲惫，锐气挫伤；攻打城池，就会使军力耗竭；军队长期在外作战，就会使国家财政发生困难。如果军队疲惫、锐气挫伤、军力耗尽、国家财政枯竭，那么诸侯列国就会乘机对我发动进攻，那时即使有足智多谋的人，也无法挽救危局了。所以，用兵只听说过以拙朴而速胜为准则，没见过以精巧而持久为目标的。战争长期拖延而对国家有利的情形，是从来没有过的。所以，不完全了解用兵的危害，也就不能完全了解用兵的有利方面。

善于用兵打仗的人，兵员不用再次征集，粮秣不用多次运送，军需装备由国内供给，粮草从敌国获取。这样，军队的粮草供给就得到满足了。

国家之所以因用兵而导致贫困，是由于远途运输，远途运输就会使百姓陷入贫困。临近驻军的地区物价必定暴涨，物价暴涨，就会耗尽百姓的钱财。百姓钱财耗尽，国家就会为征集军赋而焦虑。军力耗尽，财富枯竭，国家空虚。百姓的财产，耗去十分之七；公家的费用，如车辆损坏，马匹疲敝，盔甲、箭弩、戟盾以及大牛大车等，要耗去十分之六。

因此，明智的将领务求在敌国就地解决粮秣问题。就地取得粮食一钟，相当于从本国运送二十钟；就地征集饲料一石，相当于从本国运送二十石。

军队英勇杀敌，靠的是高涨的士气；从敌方取得战利品，应对士卒进行物质奖励。所以，在车战中，凡是缴获战车十辆以上的，就奖赏最先夺得战车的士卒，并且换上我军的旗帜，混合编入我军的战车行列。对俘虏的士卒，要给予善待和供养，这就是军队战胜敌人而实力更加强大。

因此，用兵作战贵在速胜，而不宜旷日持久。

懂得如何用兵的将帅，是军民命运的掌握者，是国家安危的主宰者。

【思想要点】

战争对国家造成巨大消耗

战争，可能是人类最为奢侈的活动，战争对参战国造成的消耗与日俱增。据统计：上世纪50年代，美军在朝鲜战争中人均日消耗物资29公斤，比第二次世界大战增加三分之一；60年代，美军在越南战争中人均日消耗117公斤；90年代的海湾战争中，美地面作战部队人均日消耗物资达200多公斤，其航母编队人均日消耗达到1100—1380公斤。整个海湾战争中美军共消耗各类物资3000多万吨，几乎相当于1200多万苏军在4年之久的卫国战争中消耗的6600万吨物资的一半。

消耗惊人的第二次世界大战

第二次世界大战是机械化战争的总体作战的典型代表。这场旷日持久的战争，既是政治、外交、人心的大竞赛，也是军力、经济力、科技力和资源力的大比拼。其中，经济消耗之多、经济战规模之大、战争对经济破坏之严重，在人类战争史上是空前的。

战争消耗速度快、规模大

与以往的战争相比，第二次世界大战的消耗速度迅速提升：仅从单兵日消耗来说，第一次世界大战为 6 公斤，第二次世界大战则高达 20 公斤。不仅如此，交战国的战争开支也增长迅速，规模惊人。比如，德国的战争开支，1939 年为 450 亿帝国马克，1940 年为 620 亿帝国马克，1941 年为 770 亿帝国马克，1942 年为 930 亿帝国马克，1943 年为 1090 亿帝国马克；从 1939 年到 1943 年，德国的战争开支占整个国民生产总值的份额，从 34.8% 上升到 72.6%，共投入 3860 亿帝国马克。同样，苏联的战争消耗也十分惊人。1939 年到 1945 年，苏联的军费预算节节攀升：1939 年为 392 亿卢布，1940 年为 568 亿卢布，1941 年为 905 亿卢布，1942 年为 1084 亿卢布，1943 年为 1247 亿卢布，1944 年为 1377 亿卢布，1945 年为 1282 亿卢布。这种大规模、快速度的经济消耗，对战争的经济支撑和后勤保障，提出了越来越高的要求。

二战中的德国阅兵式

大规模经济战加剧了经济损耗

第二次世界大战中，交战双方的总体战，在经济领域表现为激烈的经济战。经济制裁、经济封锁、资源争夺、经济摧毁等经济战手段的运用，极大地加剧了战争的经济损耗。英美等国对德国的经济战，沉重打击了德国的经济。仅封锁和经济制裁一项，就使德国战争初期在国外的198艘船只、共82.96万吨货物无法运到国内，323艘船只、共75万吨货物被迫躲进中立国港口，41艘船只、共25万吨物货物被凿沉或落入盟国手中。为了破坏德国的战争潜力，盟国还集中轰炸了德国的工业重心鲁尔地区，该区在战前的煤产量占全德的73%，钢占67%，焦碳占77%，机器制造业占31%。对这一地区的破坏，使德国支撑战争的经济迅速走向全面崩溃。德国和日本也竭力破坏和掠夺对方的经济。日本为了争夺和控制石油，不顾可能导致失败的危险，发动了太平洋战争。德军攻占苏联部分地区后，对沦陷区内苏联40%的居民和32%的职工，占国家工业总产值33%的产品，占国家总产量38%的粮食和41%的铁路，进行大肆掠夺和疯狂破坏。在战争中尽可能破坏对方的经济体系，削弱其战争潜力，正

盟军空军轰炸德国鲁尔工业区

是经济战所要达到的战略目标。

长期大规模作战严重破坏了经济

由于长期作战，第二次世界大战造成的经济损失十分巨大。据不完全统计，全世界有5000多万人死于战争，直接军费开支11170亿美元，直接经济损失4万亿美元，间接经济损失更是多得无法统计。同盟国为胜利付出了巨大的人员代价：苏联伤亡2700万人，美国伤亡111.1万人，英国伤亡130.7万人，法国伤亡85.9万人。中国人民也承受了巨大的牺牲：在抗日战争中共伤亡3500万人，财产损失和战争消耗达1000亿美元，间接经济损失5000多亿美元。长期作战的这一严重经济恶果，印证了孙子“兵贵胜，不贵久”思想的科学性。

日机轰炸后的重庆

第二次世界大战对经济的巨大消耗和严重破坏表明，孙子所说的“不尽知用兵之害，则不能尽知用兵之利”，对于现代战争指导者来说，更具有警示意义。

秦始皇陵出土的铜矛

2500 年前，孙子也为当时的战争消耗开列了一份清单，其中包括作战部队的消耗、维护装备的费用、长途运输的开销、帐下幕僚的用度等等，最后的军费估算是，十万人的军队出征，日均消耗高达千金[1]。孙子用这份战争清单告诉君主和将领：第一，战争既是国家军事实力的较量，也是国家经济实力的比拼。因此，在战争准备阶段，必须将军队的后勤保障和国家对战争的经济承受能力作为重大问题，进行认真的思考和周密的筹划。第二，大规模战争的巨大开支对任何一个国家来说都是沉重的负担，如果战争旷日持久，巨额的经费支出将使国家不堪重负。孙子向战争决策者说明一个道理："不尽知用兵之害，则不能尽知用兵之利"，战争是一把双刃剑，作为决策者，不能只见其利而不顾其害，导致危害国家安全的灾难性后果。

中国历史上，反战思想一直在朝野上下占据主流。在中国的史书记载中，我们经常可以看到这样的场景：君主和群臣们围绕

[1] "金"指金、铜、铁等金属，也是货币单位。中国先秦时期以一镒（24 两）为一金，"千金"约合 374 公斤。

是否发动一场战争在朝廷之上展开激烈的争论，其中大多数人对战争持反对意见，主战者往往是少数派。出现这种情况的一个主要原因是，古代中国是一个以小农经济为主体的农业国家，不可能积累足够多的“剩余财富”来支持大规模、长时间的战争。更深层的原因是，一向自给自足的农业民族不像游牧民族和海商民族那样可以运用战争手段取得大量生活资料或商业利润，使战争消耗得到“超额补偿”，从而使战争获得持久的动力。从经济学的角度看，战争对于农业民族来说，损耗永远大于收益。让我们回到朝堂之上，听听反战派们的理由陈诉。一位白发苍苍的老臣絮絮叨叨：打仗一定会带来灾祸呵，国库中的银子可经不起这样挥霍呵，百姓的税赋已经太重了，不能再加征啦。一位衣冠楚楚的青年才俊郑重向皇帝建言：一旦轻启战端，就要征发大量青壮劳力入伍和服劳役，必然严重影响正常的农业生产，国家以农为本，战争必将伤及国本，请圣上三思。这些理由集中为一点，就是战争有可能导

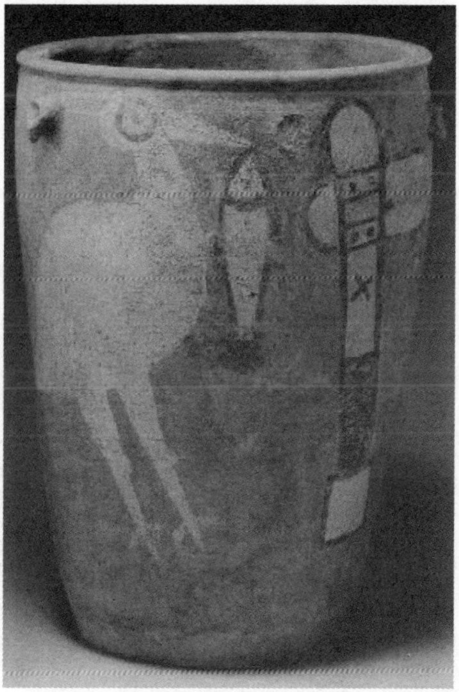
《鹳鱼石斧图》彩陶缸

致国力的衰落，经济的凋敝，更危险的后果是导致民众因怨恨和生计问题而起来造反，推翻现政权。

孙子作为一个理智的军事思想家，他对战争给国家带来的巨大消耗有清醒、深刻的认识，而且在孙子所处的春秋晚期，战争日益频繁，战争规模不断扩大，时间日趋持久，消耗日趋严重。在战争不可能避免的情况下，如何减少战争损失，规避战争给国家带来风险，这是孙子认真思考并在他的军事理论中试图解决的重大问题。为此，孙子一方面提出“慎战”主张，提醒每个国君慎重决策，不要轻易发动战争；另一方面又主张运用智慧，通过对战争的合理运筹，尽量降低战争的消耗，确保国家的安全。孙子提出的降低战争消耗的办法，一是速战速决，二是从敌方获得物资补给。

甘肃战国秦长城遗址

降低战争消耗的方法之一——“兵贵胜，不贵久”

孙子认为，战争是高消耗的活动，旷日持久的战争，对国计民生将产生严重影响，甚至有亡国的危险。有鉴于此，孙子在《作战篇》中提出了“兵贵胜，不贵久”，即迅速达成战争目的的速胜思想。孙子从战争持久之害的角度论证了速胜之利，指出持续的战争会造成三个后果：1. 部队士气下降，锐气受挫；2. 国库被掏空，国力被耗尽；3. 由于前两个后果，给其他诸侯乘虚而入、获得“渔翁之利”提供了机会，使国家陷入危机之中。到了这种地步，国家的厄运就难以改变了。避免出现这种灾难性后果的办法就是控制战争的持续时间，力求在较短时间内打赢战争，取得速胜。孙子主张为达成速胜，在战争谋划上宁拙毋巧；过于追求战争计划和作战行动的精妙完美，反而会失去有利战机，使战争陷入久拖不决的泥潭。正所谓“一快胜百巧”。孙子反对持久就像反对攻城一样，都是从减少战争损耗的角度考虑的。

那么，如何才能实现速胜呢？按照孙子的思路，必须把握以下几个要点：

1. 确立优势地位。孙子将优势的实力、有利的态势与迅疾的军事行动联系起来，认为各种制胜因素占优和充分发挥这些因素的效能是速胜的前提和保证。

2. 善于把握战机。一旦战机出现就要迅速采取行动，争取一

战国漆盾

招制敌。

3. 贯彻突然性原则。孙子认为：要想速胜，就必须在进攻时机、进攻路线和进攻目标上达成突然性。事先可采用一系列诡诈、欺骗手段来迷惑敌人、隐蔽企图；然后以迅雷不及掩耳的行动发起攻击，令敌猝不及防，失去反应的时间和能力。

4. 打击敌人的弱点和要害。即以我之长攻敌之短，以我之实攻敌之虚，其势如摧枯拉朽，从而能够在短时间内取得胜利、结束战争。从军事角度看，二战初期德军实施的“闪击战”战法，与孙子关于速胜的一系列原则完全契合，为德国以较小代价取得战争初期的胜利发挥了重要作用，也在军事学术史上留下了不可忽视的一笔。

德军的“闪击战”

孙子“兵贵胜，不贵久”的速胜思想，揭示了避免久战之害、获取战争之利的具有普遍意义的战争指导规律。第二次世界大战中，德军“闪击战”所取得的辉煌战果，从战役层面折射了孙子速胜原则的魅力。

集中优势兵力，确立优势地位

为加速战争进程，德军的大纵深作战特别注重集中优势兵力于主要方向，力争速战速胜，避免战事久拖不决，提高兵力的使用效率。在进攻中，面对敌方的重兵集团和坚固工事，大范围远程迂回会耗费时间，并可能暴露企图。要一举战胜对手，就必须集中兵力兵器，在兵力和火力上形成绝对的压倒优势。为此，德军特别重视首战，力求以实力上的绝对优势取得首战胜利，然后迅速扩大战果，把战役战斗层面的胜利上升为战略层面的胜利。德军在入侵波兰时，仅以 23 个次等师防守西线的齐格菲防线，以牵制防线对面的 100 多个法国师，却集中了 62 个精锐师直插波兰；闪击西欧时，动用了 136 个师，包括几乎全部坦克师和摩托化师以及仅有的一个空降师；闪击苏联时，集中了 75% 以上的兵力，共 14 个集团军 190 个师，只留一个集团军的预备队。这种兵力兵器的集中，形成了绝对优势，为速胜奠定了力量基础。

精心选择战机，达成出其不意

从政治、外交方面为闪击战创造条件，力争最大限度地达成闪击战的突然性，是纳粹德国运筹闪击战的重要特点。希特勒嘲笑手下那些主张遵循国际法先宣而后战的将军们是把战争幻想成为骑士比武，认为这是一种愚蠢过时的骑士作风。因此，德军常在进攻之前，通过外交、媒体等多种渠道，尽力迷惑对手，让对

二战中的德军坦克

方放松警惕。这一阴招，希特勒在入侵波兰、法国、苏联等国时，屡试不爽。比如，直到德军全面进入入侵法国的作战状态后，德国方面还大肆宣传，说什么德法两国可以实现“体面的和平”。这些精心策划的和平姿态，为掩护闪击战，达成作战的突然性，起到了十分重要的作用。为达成突然性，希特勒还特别重视寻找有利的战机，多数突袭作战都选择对方官兵的节假日作为发动攻击的日期，并且，往往是在凌晨敌方官兵睡梦方酣之时发动突然袭击。比如，对波兰的入侵是在 4 时 45 分，对西欧是 4 时 30 分，对苏联是 4 时。这些努力，使德军的进攻行动达成了出其不意的效果，为速胜创造了条件。

连续纵深突击，缩短作战进程

第一次世界大战中，机枪、铁丝网、堑壕和筑垒技术的发展，使防御成为一种强势的作战。面对坚固的防御阵地，即使是崭露头角的机械化兵器，也难以实现有效的突破。而到了第二次世界大战，技术的突飞猛进，使航空技术、坦克技术等得到了迅速发展。

在希特勒的支持下，古德里安的“闪击战”理论被付诸实践。德军的闪击战，在作战实践中把立体大纵深快速连续突击发挥得淋漓尽致：仅用4周就征服了中欧强国波兰；用不到10天的时间就把装甲部队推进到法国西海岸，行军速度高达每天49公里，在6周的时间内就使法国战败投降；在进军苏联时，开战5天就向前挺进420公里，其中央集团军群的先头部队日行军竟达84公里！

古德里安

德军的“闪击战”战法完全符合孙子的速胜原则，使德国在两年多的时间内，共歼灭敌国军队800万，占领了10倍于德国的地区；而在侵苏战争的中后期，德军陷入持久消耗，背离了速胜原则，就从军事上注定了其最终的失败结局。这从正反两方面说明“兵贵胜，不贵久”的原则在进攻作战中具有普遍指导意义。

速胜思想是孙子针对进攻作战提出的。客观地看，速决还是持久，与交战双方的实力以及战争目的、作战样式密切相关，都不是绝对的。一般来说，优势的、进攻的一方，往往采用速战速决的方式，前提是具备了强于对手的实力，并在战争初期占据了主动。对于弱势、防御的一方，大多选择持久、消耗的作战方式，这是无奈的选择，因为实力上的差距，不可能取得速胜，不顾条件一味追求速胜可能导致的结果是速败。优胜劣败是战争的铁律。弱势一方的取胜条件只能靠逐步转变敌我力量对比来获得。这种转化是需要时间的，只有通过持久作战逐步消耗对方，发展我方，才能确立打赢战争所必需的实力优势。所以，对于速决和持久，要以辩证的眼光来看待。

降低战争消耗的方法之二——“因粮于敌”

孙子提出的降低战争消耗的第二个方法是“因粮于敌”，在战场上获得物资补给。粮食是古代战争补给的第一物资。古代打仗消耗最大的是两个东西，一是粮草，二是兵马。中国有句古话叫“兵马未动，粮草先行”。有兵马无粮草，等于没有兵马。所以孙子把粮食供应放到了后勤保障最重要的位置上。按照当时一般的战时供应办法是先从国内筹集粮草，然后雇用民夫，车载畜驮，长途转运，送到前线。这就是孙子说的“千里馈粮”。筹集是消耗，长途运输是更大的消耗。一条漫长的运输线，把前线与后方连接在一起。在机械化低下的冷兵器时代，作战物资的输送只能依靠人力和畜力。无数的民夫，推着小车、

（清）《北征督运图》局部

赶着牲畜，艰难地跋涉在崇山峻岭之中，把一袋袋粮食和草料运往前线。一路上人、畜食用，加上沿途中的遗洒损失，将会耗去

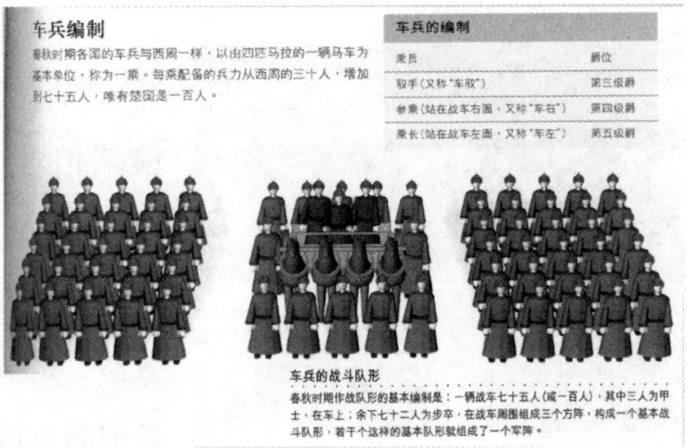

西周车战军阵图

所运粮草的大半。史书记载，中国的第一位皇帝秦始皇出征匈奴，把军粮从今天的中国山东省沿海地区运送到内蒙古河套地区的作战前线，每运输 1 石粮食要付出将近 200 石的代价[1]，足见“千里馈粮”耗费之巨大！所以孙子说：战争中的长途运输会耗尽国家的财富，导致国家和百姓财尽力竭的严重后果。为解决“千里馈粮”的问题，孙子提出了“因粮于敌”策略，即在敌人的国土上取得粮草，就地解决军队和牲畜的口粮问题，“掠于饶野，三军足食”[2]。孙子说：“食敌一钟，当吾二十钟；

战国兜鍪

[1] 史书说：“率三十钟而致一石。”石：重量单位，1 石等于 60 公斤。钟：量器，1 钟为 6.4 石。30 钟为 192 石。
[2] 《孙子兵法·九地篇》。

（清）《北征督运图》局部

萁秆一石，当吾二十石。”按孙子的计算，从敌国获得 1 份粮草相当于从本国后方运输 20 份粮草，也就是说，“因粮于敌”可以获得 1∶20 的巨大效益，是减轻国家消耗和百姓负担的良策。孙子还提出一个减少消耗的办法，就是善待俘虏和缴获敌方战车等装备为我所用，对俘获敌方人员和装备的将士给予奖励。孙子认为这是激励士气的好办法，也是补充我方兵员和装备的捷径，能取得“胜敌而益强”的效果。

现代战争对后勤保障提出了很高的要求，部队的常规保障当然主要依靠后方补给，依靠完备、高效、精确的后勤保障体系。但“因粮于敌”、就地补给仍可以作为一种有效的辅助手段，一种短期内的有效、快速、及时的保障方式；而在某一局部、某些特殊情况下，“因粮于敌”、取用于敌也可能成为获得补给的主要手段。例如美军在特种作战中就十分重视就地补给，并提供了一些成功的经验。所以，孙子“因粮于敌”的保障原则在现代战争中仍然具有其实用价值和启示意义。

美军特种作战中的就地补给

孙子《作战篇》中“因粮于敌”、取敌之利的思想，实质上就是尽可能利用战场内的各种资源就地实施自我保障。现代特种作战，特别重视就地补给，以增强作战部队遂行任务的能力。

特种部队是现代战争中的一支奇兵，它们通常在特殊的环境下执行一些特殊的任务。由于特种部队经常深入敌后进行无后方作战，它们的作战物资保障，通常需要就地解决，即立足于战场现有条件，在无后方支援的情况下，设法进行自我保障，特别是要设法获取一些生活物资。

美国特战队员及其装备

美国的特种作战部队，是全球特种作战部队中的一支劲旅，海军的海豹突击队，陆军的绿色贝雷帽、三角洲部队、160特遣队以及空军的特种作战部队，通常通过潜艇、飞机等工具进行远距离投送。被投送的特种作战人员，一般都携带轻便装备和少量生活物资。为了保证特种部队在复杂情况下的生存，美国特种作战部队进行了极其严格的野外生存训练，使作战人员的心理、生理最大限度地适应特种战的需要，学会最大限度利用战场上各种资源提高生存机会，增强参战人员就地获取生活物资补给的能力。在生存训练中，队员要战胜孤独和饥饿，暴露在酷暑、严寒之中，禁止睡眠和休息，学会以野菜、蟒蛇等为生，适应在暗夜的沼泽中生存。

在实战中，从越南战争到伊拉克战争，美国的特种作战部队都特别重视从战场上寻求补充。例如，在越南丛林中，美军特种部队面临越南人民战争的威胁，无法获得当地人民的物资资助，便设法向热带雨林寻求生存物资。他们把雨水和清洁的积水作为饮用水，把蛇、鱼、鸟等小型动物以及一些可食用的植物的根、茎、叶、果实等作为主要的食品，补充身体的能量，维持体力，确保生存，以便坚持到最后，直至完成作战任务。除了饮食物资，越南战争期间，美国特种兵还不断积累经验，探索就地取材制造和补充一些简易的作战物资、通信联络工具和防范丛林疾病的技巧。比如，美军特种兵学会把一些生长在丛林中的植物加工成糊状物，抹在四肢和面部，以防止蚊虫的叮咬，驱赶周边的毒蛇，增加对丛林疾病的抵抗能力。

在现代战争中，强大的后方保障越来越成为战时后勤补给的主要手段。但“因粮于敌”的就地补给方法还在起作用，不失为一种在特殊条件下必要的补充手段，其作用和意义仍然值得我们重视。

第三篇 《谋攻篇》

提要：本篇主要讲对战争的战略指导问题。孙子在本篇中从大战略的视野，将“不战而屈人之兵”作为战略指导的理想境界，将“全胜”作为战争追求的最高目标，将“伐谋”、“伐交”作为解决战争问题的最佳手段，其宗旨是以最小代价达成战争目的。孙子还提出了根据敌我力量对比灵活用兵和充分赋予前线将领指挥权的主张，并揭示了“知彼知己，百战不殆”这一重要的战争指导规律。

【原文】

孙子曰：凡用兵之法，全国为上，破国次之；全军为上，破军次之；全旅为上，破旅次之；全卒为上，破卒次之；全伍为上，破伍次之。是故百战百胜，非善之善者也；不战而屈人之兵，善之善者也。

故上兵伐谋，其次伐交，其次伐兵，其下攻城。攻城之法为不得已。修橹轒辒，具器械，三月而后成，距闉又三月而后已。将不胜其忿，而蚁附之，杀士三分之一，而城不拔者，此攻之灾也。

故善用兵者，屈人之兵而非战也，拔人之城而非攻也，毁人之国而非久也，必以全争于天下，故兵不顿而利可全，此谋攻之法也。

故用兵之法，十则围之，五则攻之，倍则分之；敌则能战之，少则能逃之，不若则能避之。故小敌之坚，大敌之擒也。

夫将者，国之辅也。辅周则国必强，辅隙则国必弱。

故君之所以患于军者三：不知军之不可以进而谓之进，不知军之不可以退而谓之退，是谓縻军；不知三军之事，而同三军之政者，则军士惑矣；不知三军之权而同三军之任，则军士疑矣。三军既惑且疑，则诸侯之难至矣，是谓乱军引胜。

故知胜有五：知可以战与不可以战者胜，识众寡之用者胜，上下同欲者胜，以虞待不虞者胜，将能而君不御者胜。此五者，知胜之道也。

故曰：知彼知己者，百战不殆；不知彼而知己，一胜一负；不知彼，不知己，每战必殆。

【白话今译】

孙子说：用兵作战的法则，使敌人全国屈服是上策，击破敌国就次一等；使敌人全军屈服是上策，击破敌军就次一等；使敌人全旅屈服是上策，击破敌旅就次一等；使敌人全卒屈服是上策，击破敌卒就次一等；使敌人全伍屈服是上策，击破敌伍就次一等。所以，百战百胜并不算是高明中最高明的；不经过直接交兵就能使敌人屈服，才称得上是高明中最高明的。

所以，用兵的上策是挫败敌人的战略，其次是挫败敌人的外交，再次是击败敌人的军队，最下策是攻打敌人的城池。选择攻城是不得已而为之的办法。制造攻城的大盾牌和四轮大车等各种器械，需要数月才能准备完毕；构筑攻城的土山，又要耗时数月才能竣工。如果将帅控制不住自己愤怒的情绪，强令士卒像蚂蚁一样去爬梯攻城，结果士卒伤亡三分之一，而城池依然不能攻克，这就是攻城所带来的灾难。

所以，善于谋划战争的将帅，使敌军屈服而不采取暴力的方式，夺取敌人的城池而不采取攻城的方式，灭亡敌人的国家而不采取持久作战的方式。必须用全胜的谋略争胜于天下，这样军队不受挫阻而能获取全面的胜利，这就是谋划战争的法则。

所以，用兵的规则是，拥有十倍于敌的兵力时，就围歼敌人；拥有五倍于敌的兵力时，就直接进攻敌人；拥有两倍于敌的兵力时，就要设法分割敌人；兵力与敌相当，要有战胜敌人的能力；兵力少于敌人，要有摆脱敌人的能力；实力弱于敌人时，要有避免与敌人决战的能力。如果力量弱小的军队一味强打硬拼，就会被强大敌人所战胜。

将领是国家的辅佐之臣。如果对国家辅佐周全，国家就强盛；如果对国家辅佐有缺失，国家就一定会衰弱。

国君妨害军事行动的情况有三种：一是不知道军队不可以前

进而强令其前进，不知道军队不可以后退而强令其后退，这叫做束缚军队。二是不了解军队内部的事务而干预军队的管理，这样军队上下就会迷惑而无所适从。三是不懂得军事上的权宜机变而干预军队的指挥，这样就会使军士产生疑虑。一旦军队处于迷惑和疑虑状态，其他诸侯国就会乘机发难。这就是所谓自乱其军，招致败亡。

预知胜利的情况有五种：懂得根据敌我力量对比决定可以打或不可以打的，能够胜利；懂得根据兵力多少采取不同战法的，能够胜利；上下一心、同仇敌忾的，能够胜利；以有准备的军队对付没有准备的敌人的，能够胜利；将帅能力强而国君不横加干预的，能够胜利。以上五条，就是预知胜利的方法。

所以说，既了解对方又了解己方，即使经历百战也不会有失败的危险；不了解对方但了解己方，这样就可能胜负参半；既不了解对方也不了解己方，每次用兵都会有危险。

【术语解释】

军：中国古代军队最大的编制单位。中国西周时期，每军战车五百辆，一万两千五百人。春秋以后，各国编制不一。

旅：中国古代军队编制单位。春秋时期，五旅为一军，每旅两千人。

卒：中国古代军队编制单位。春秋时期，步兵百人为卒，车兵三十乘为卒。

伍：中国古代军队最小的编制单位。春秋时期，军队以五人为伍。

縻军：国君约束军队的行动，使将领不能实施灵活、主动的指挥。孙子主张，国君在不了解战场真实情况的前提下，不可干预前方将领的指挥；否则，就会束缚军队的行动自由，导致失败。

【思想要点】

“不战而屈人之兵”

百战百胜、每战必胜，历来是每一位战争指导者追求的至高目标。对于驰骋疆场、所向无敌的将领，人们给予他的最高赞誉是“常胜将军”。但我们如果追寻孙子的思路就会看到，他对战争指导有着完全不同的价值取向和评判。孙子指出，“百战百胜”并非战争指导的理想境界，“不战而屈人之兵”，即不经过直接或激烈的交战而使敌屈服于我方的意志，才是战争指导的理想境界。孙子认识到，不计代价和后果的战争，

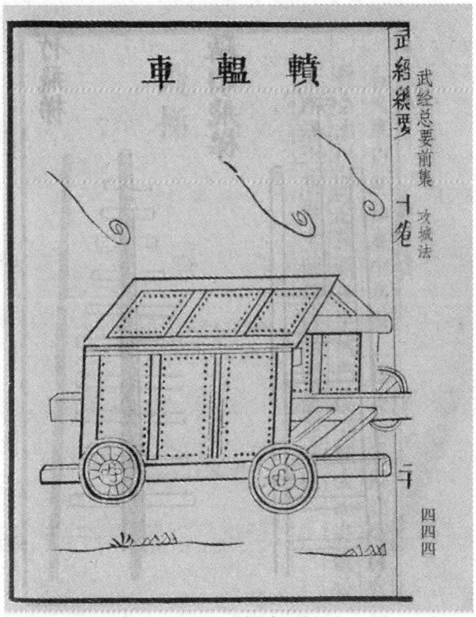

中国古代用于攻城的轒辒车

即使屡战屡胜，也难免损兵折将、耗费国力，结果必然是胜而不利、兵胜而国弱。所以中国的古话说:“杀敌一万，自损八千”，“一将功成万骨枯”。孙子将“不战而屈人之兵”作为指导战争的最高原则，其价值取向是尽量避免战争给国家和军队造成重大损失，力求以最小的代价达成战争目的。

孙子主张，战争应该达成的最高目标是全胜，也就是完整地使对方屈服，而我方也不受损失，从而使国家的利益和军人的生命得到保全。任何战争都是有目的的，如何才能以最小的代价来达成战争目的呢？孙子提出的解决之道是：使对手屈服而不使用暴力手段，夺取对方城池而不使用攻城手段，灭亡敌国而不采取持久作战的方式。孙子战略指导的着眼点在于“全”而不是“胜”，将全胜作为战争追求的最高目标，这样就能够在降低战争损失的同时，使战争的利益最大化。

如何才能实现全胜呢？孙子认为，最高明的取胜方式是伐谋，然后是伐交。伐谋和伐交都属于“不战”范畴，是达成全胜的途径。伐谋即运用谋略艺术，在决定战争胜负的各个环节上形成我方的优势，迫使敌方向我屈服；伐交是指运用外交策略分化瓦解对手，破坏敌方联盟，扩大我方联盟，陷敌于孤立无援的境地，迫使其向我屈服。

孙子从哲学的高度审视战争问题，以大战略的思路寻求战争问题的最佳解决之道，把伐谋、伐交作为在战争中优先选择和使

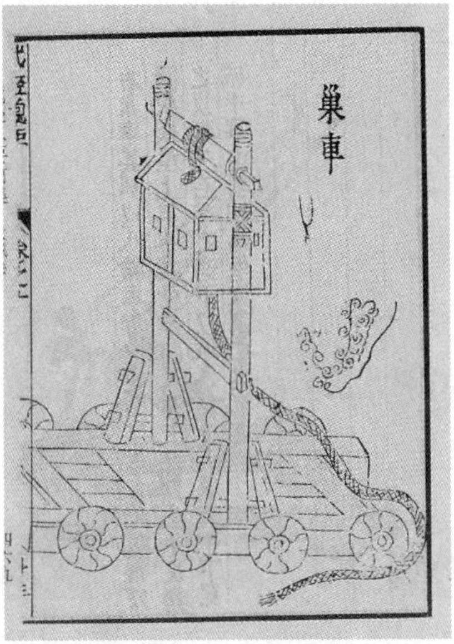

中国古代攻城时用于瞭望敌情的巢车

用的手段。孙子认识到，战争问题不一定非得依靠暴力手段来解决，不直接使用暴力，合理运用谋略的、外交的手段，也能使对手屈服；取得战争胜利的方法并不限于战胜或消灭敌方的武装力量，通过挫败敌方的谋略、破坏敌方的外交等手段同样也能够达成战争目的。也就是说，在孙子的视野中，敌方不仅仅是一支军队，还是一个由政治、军事、外交，以及意识、企图、心理构成的完整体系，只要击破这一体系中的任何一个关键环节，都足以导致系统的崩溃或失效，进而使敌方屈从于我方。而以非暴力的手段破坏敌方的系统当然是最明智、代价最低的选择。这对战争这种人类的极端对抗形式，无疑具有重要的指导和启示意义。同时，这一思想是建立在重综合、重整体的中国传统思维方式和认识方式基础上的，与克劳塞维

东汉墓室壁画车马出行图

茨在《战争论》中所反复倡导的，将直接消灭敌方的武装力量和摧毁敌方的战斗力置于战争指导首要位置的理论形成了鲜明的对照，集中体现了中西方经典战争理论在战争指导方面的重要分野。

孙子“不战而屈人之兵”的思想，实现了战争指导理论在目标和手段上的两个超越：一是在百战百胜之上，追求最高明的全胜目标；二是在野战、攻城之上，追求非暴力的伐谋、伐交手段。其根本出发点是将战争的损失降至最低，同时使战争的效益最大化。

李左车的攻心战

孙子认为，采用非暴力手段而达成战争目的是战争指导的最高境界，这一思想对中国的战略文化产生了深远影响。公元前二世纪，中国的楚汉两大阵营争夺天下，著名谋略家李左车运用攻心战帮助汉营大将韩信兵不血刃降服依附楚营的燕国，创造了历史上实践孙子“不战而屈人之兵”思想的典型战例。

楚汉战争中，刘邦手下大将韩信在井陉之战中打败了楚国的盟友赵国。这一战韩信不仅取得了军事上的胜利，而且俘获了一个很重要的人物——李左车。这位李左车本是赵国的谋士，在赵军与韩信率领的汉军作战之前，他曾经向赵军统帅陈余献策：固守避战，断敌粮道。此计策足以挫败韩信的军队，可惜未被采纳。韩信得悉李左车的计谋后，大为惊讶：没想到赵国还有这样厉害的人物！韩信于是传令三军，悬重赏捉拿李左车。捉到李左

韩信塑像

车后，韩信将李左车奉为上宾。李左车感激韩信的知遇之恩，投降于韩信。此时韩信正准备向楚国的另一盟友燕国发动进攻，为此，韩信征求李左车意见。李左车说：汉军连续作战，十分疲惫；而燕国现在依托坚固城池，严密防守，以逸待劳。如果汉军单凭武力进攻，不但短时间不能取胜，而且损失也必定惨重。李左车向韩信献上攻心之计：一方面先按兵不动，休整队伍，安抚民众，摆出进攻的架势。另一方面派出一名能言善辩的使者，到燕国宣扬汉军声威，劝说燕国投降。这样可以充分利用汉军大破赵国的胜利，对燕国形成强大威慑，使燕国失去抵抗意志，达到不战而胜的目的。如果劝降失败，再动用武力，战而胜之。韩信采纳了这一计策，派得力的说客到燕国向燕王陈说得失利害，燕王慑于汉军的强大，接受了汉军的劝降条件，就这样韩信兵不血刃收服了燕国。这是中国古代战争史上运用威慑和心战手段，“不战而屈人之兵”获得全胜的著名战例。中国三国时期（公元 220—280 年）的谋略家马谡有一句名言“攻心为上，攻城为下；心战为上，兵战为下”，这可以说是对李左车攻心之计最好的概括。尽量采取非暴力的攻心战，避免损失巨大的攻城战，这是对孙子“不战而屈人之兵”思想的传承和发展。中国历代军事家都将孙子的“不战而屈人之兵”作为战争指导的最高追求，使这一优秀的战略遗产得以代代相承。

作为冷静而理智的军事理论家，孙子在追求战争指导理想境界的同时，也认识到不战而胜只是战争的特殊规律，战而胜之才是战争的普遍规律。基于这一认识，孙子将战争指导分为两个层次，一是全胜层次，二是战胜层次。孙子在追求“全”的同时，又辩证地提出了“破”的概念。“全”，是使敌完整地屈服而我方不受损失，这是最佳的结果；“破”是攻破敌方而我方亦遭受损失，这是战争的常态。“全”和“破”是一个整体，在追求不战而胜的同时要做好战而胜之的准备，一旦非暴力手段不能使敌屈服，就要采用暴力手段实现我方意志。

成都武侯祠攻心名联

孙子的全胜思想涵盖了不破之全和破中求全，也就是战争全局的全胜和局部的全胜。前者是战略上的全胜，后者是战役、战术层次的全胜。全局性的不战而胜是最理想的结局；但在现实战争中，往往需要用某一局部的战而胜之，换取另一局部的不战而胜。在中国人民的解放战争中，解放军先以一系列作战行动扫清北平（今北京）外围，使北平的国民党军队陷入孤立无援的境地，然后通过谈判，和平解放北平，使这座千年古都免遭战火的破坏。这一战例很好地体现了孙子破中求全，争取局部全胜的思想。

北平的和平解放

孙子全胜思想包含不破之全和破中求全两个层次，目的是降低战争损失，提高战争效益。中国的解放战争中，北平的和平解放，就是对孙子破中求全思想的最好诠释。

第一阶段：营造有利战略态势，力争不战而胜

1948 年秋，国民党军转入战略防御，中国人民解放军进入战略反攻。辽沈战役后，为应对解放军东北野战军进入中原地区，国民党华北“剿总”司令傅作义调整兵力部署，以国民党中央军为主力，固守北平、天津、塘沽三点，确保从海上与蒋介石保持联系，以获得蒋的支持，或万一不利时从海上撤退。另一方面，则以自己的三个军为主力，确保北平至绥远一线的安全，为退守

察绥地区留下后路。这种不战而先求逃的兵力部署，反映了国民党军内部的矛盾，表明傅作义决不会死守北平。对此，毛泽东洞若观火，他及时抓住战机，要求“必须将华北敌军就地歼灭，不许它南逃或西窜”。根据这一指示，解放军逐渐完成了对傅作义部的包围，为争取全胜创造了军事条件。

同时，中共隐蔽战线人员积极开展工作，争取傅作义起义，力争以不战的方式完全解决傅作义集团。通过傅作义的女儿傅冬菊，中共最高决策层及时迅速地掌握了傅作义的情绪、思想和心境等情况。但是，由于此时傅尚有顾虑，心存侥幸，并希望借自己的军事实力提高要价，致使中共完全和平解决傅作义集团和北平问题的意图没有实现。

第二阶段：以局部的作战行动换取北平的和平解放

既然用完全和平的方式不能解决傅作义集团，实现北平的和平解放，中共决定以局部作战行动换取北平的和平解放。解放军依据“先打两头，后打中间”的方针，截断傅作义集团的两个退路，确保就地围歼，以军事胜利推动政治解决。1948 年 12 月 23 日，解放军开始进攻新保安，成功歼灭了傅作义的王牌军第 35 军，打中了傅作义的要害。接下来一鼓作气，于 24 日攻克了张家口，击碎了傅作义保留实力、西逃绥远的如意算盘，迫使他与中共和谈。西逃之梦破碎后，傅作义一边与我谈判，一边继续观望。为进一步孤立傅部，消除对手的侥幸顽抗心理，1949年1月14日，解放军发动了天津战役，只用29个小时就攻克天津并活捉天津警备司令陈长捷。被傅作义视为固若金汤的天津的失守，使傅作义的心理受到了巨大的打击，也使其海上生命线不复存在。随后，解放军兵临北平城下，炮轰机场，截断了他从空中出逃的最后一条退路。这一系列作战，成功运用了破中求全的策略，达成了以战促谈的效果。

平津战役中解放军攻入天津市区场景

接连攻克新保安、张家口、天津、塘沽后，解放军百万大军把傅作义的20万残兵团团围困在北平城内，驻守北平的傅作义成了瓮中之鳖。解放军在扫清北平外围，积极做好攻击北平各种准备的同时，并没有立即出兵强攻北平城，而是一面造成大军压境之实，一面加紧与傅作义接触，力争促成以和平谈判的方式解决北平问题。随着我军围困时间的延长，仅靠蒋介石从空中进行补给的傅作义部队，生活日益困难，士气不断低落。同时，城中人民生活艰难，人心浮动，骚乱不断。面对这些现实，傅作义对谈判开始采取积极态度，表现出更多的诚意。在我方的不断努力下，最终促成了北平的和平解放。

对孙子“不战而屈人之兵”的全胜思想，毛泽东有着深刻的

国民党军队开出北平城接受改编

理解和创造性运用。早在1948年3月，他就曾说，同蒋介石的这场战争可能要打60个月，前30个月“上坡”、“到顶”，也就是说战争打到我们占优势的阶段；后30个月叫做“传檄而定”，到时候我们是“下坡”，有时候根本不用打仗了，喊一声敌人就投降了。北京的和平解放，就是这一思想的成功实践。

“不战而屈人之兵”是孙子“慎战”思想的重要组成部分，体现了孙子对战争，尤其是战争暴力所持的谨慎态度。但孙子并不反对使用战争手段解决诸侯国之间的矛盾和冲突，孙子全胜思想也包含了必要时使用暴力手段的内容，这与当时的儒家、墨家等思想流派提出的“去兵”、“非战”主张有明显的区别，我们不能简单地将其定义为“和平主义”。

近代以来，两次世界大战给人类造成了灾难性的后果，核武器的出现对人类的生存提出了严峻考验，在战争尚无法完全消除的情况下，如何减少战争的损失和毁伤就成为人们必须认真面对和思考的问题。孙子“不战而屈人之兵”的全胜思想给当代战争的指导者们提供了启示。我们看到，在当代战争的理论和实践方面已经出现这样一种趋势，即不以彻底消灭敌方的武装力量、摧毁敌方的战斗力和占领敌对国家领土为目的，而是以瓦解对方的战争体系、迫使对方服从己方意志为目的，战争手段的运用主要着眼于使敌丧失对抗的意志和能力，力求以较小的代价来获取较大的战争效益。这一趋势正体现了孙子“不战而屈人之兵”全胜思想所追求的目标，也为全胜思想赋予了现代价值。

君主要把前线指挥权交给将领

中国古代兵权的象征——钺

孙子认为，君主身居朝中，如果盲目干预前方将领指挥的军事行动，会产生严重的后果，甚至导致战争的失败。他列举了三种情况：一是不顾客观情况，但凭主观意志，“遥制”和束缚前线军队的行动；二是不了解军队管理的特殊性，而干预军队的行政；三是不懂得用兵的权宜机变，而干预军队的指挥。其结果是扰乱了军心和军队的行动，自取败亡。如何才能避免这种结果呢？孙子提出“将能而君不御者胜”，即君主要授予前方将领独立的战场指挥权，军中之事皆听命于将，君主不加干预，这是取胜的必要条件之一。孙子认为，对君主来说，重要的是选好将领、确定目标，如何实现目标是将领的事。君主既然已经授权，就不要随意干预军队的事，使将领有充分的发挥才能和临机决断的空间。

另一方面，孙子又把“将能”作为“君不御”的前提条件，对将领提出了一系列严格的要求。例如在《计篇》中孙子提出了对将领素质能力的要求；在《九变篇》中提出了对将领修养的要求；在《地形篇》中提出了对将领忠于国家和君主的品德要求。孙子还明确指出，将领的权力是君主授予的，只有在君主授权、率军出征之后才能获得便宜行事、临机决断的权力。国君永远是一国军队的最高统帅，这一点是没有疑义的。

秦武王与甘茂

秦将军俑

孙子说：“将能而君不御者胜。”认为君主对将领的前线指挥不加干预，是取得战争胜利的重要前提之一。在中国战国时期（公元前 475 年—公元前 221 年），秦国军队进攻韩国的宜阳。秦武王在大将甘茂攻打宜阳的关键时刻，不听信谣言，不干预甘茂的作战指挥，君主与将领之间的默契确保了秦军的胜利。

野心勃勃的秦武王即位后，一心想夺取韩国的宜阳，打通通往中原的道路。他派甘茂去联合魏国一同进攻韩国，甘茂在完成联魏的使命后却劝秦武王不要马上出兵。秦武王将甘茂召到一个叫息壤的地方，质问他不发兵的原因。甘茂侃侃而谈，说出了他的担忧。他说，宜阳是韩国的重镇，防御坚固，积蓄雄厚，易守难攻。秦军行军千里，跨越险阻去攻宜阳，将面临一场苦战。我只是一个客居秦国的人，在秦国还有不少政敌。如果一时攻不下宜阳，这些政敌乘机在国内说我的坏话，大王一定会听信他们，那我的下场就可想而知了。我听说过贤人曾子的一个故事。曾子住在费邑，费邑有个与曾子同名的人杀了人，有人向曾子的母亲报信说：曾参杀人了。曾母不为所动，说，我的儿子不会杀人，仍然从容织布。一会儿又一个人来说：曾参杀人了。曾母还在织布。但当听到第三个人说曾参杀人了，曾母立刻扔下梭子，跃墙而逃。曾子是贤者，曾母又十分信任自己的儿子，但当一个谣言重复三次，连曾母都相信曾子会杀人，足见人言可畏。现在我的德行不如曾子，大王对我的信任也不如

秦甲胄，根据兵马俑2号坑将军俑复原

曾母，秦国反对我的人更不止三个，恐怕大王也会为我扔下梭子的。秦武王听后点点头，说：我是不会听信谣言的。我们二人在这里立个誓约吧。于是，秦武王与甘茂在息壤约定，宜阳前线的战事交由甘茂全权处置。

公元前308年秋，甘茂率秦军从都城咸阳出发，千里跋涉，去进攻韩国的宜阳。秦军在第二年抵达宜阳城，随即展开攻城战。但由于城防坚固，甘茂指挥秦军持续攻打了5个月，也没攻下宜阳，顿兵坚城之下。这时原先反对进攻韩国的一些人就跑到秦武王面前诋毁甘茂，极力劝秦王放弃攻韩行动，从宜阳撤军。秦武王果然动摇了，派人到前线命甘茂收兵回国。甘茂给秦王的回答很简单：息壤的誓约还放在那里呢！秦武王立即醒悟，决定全力支持甘茂，下令全国动员，调动大军到前线增援甘茂。甘茂信心倍增，拿出自己的钱财来增加给士卒的赏金，并亲自擂鼓发动强大攻势，终于攻克了韩国的重镇宜阳城，歼灭韩军6万余人，并由此将秦国的疆域拓展到中原地区。

了解敌人，了解自己

孙子认为，战争的胜利是建立在事先对敌我双方情况的充分了解基础上的，只有全面掌握敌情、我情，才有可能对双方的优劣短长进行综合比较，并据此做出战争决策，制定战争方略，将战争引向胜利的彼岸。

孙子大声告诫进行战争的人们，要了解你们的对手，还要了解你们自己，这样才能避免战败的危险；如果只了解自己而不了解对手，或者相反，只了解对手而不了解自己，那就只有一半取胜的可能；如果既不了解对手，又不了解自己，则每战必败。这其中，孙子又特别强调“知彼”的重要性，把它放在“知己”之前。因为在指导战争的过程中，“敌情”往往扑朔迷离，笼罩在种种欺骗、佯动和表象的迷雾之中。“知彼”较之“知己”难度更大，对将领的要求更高；而将领只有做到“知彼”，才能避免主观盲动，避免落入敌方设置的陷阱，导致失败。所以孙子认为不能“知彼”的将领不具备做将领的资格，也不能成为胜利的主宰。

在如何“知彼”方面，孙子主要提出了三种方式：一是使用间谍刺探敌情，在《用间篇》中孙子列举了五种使用间谍的方法；二是通过观察各种自然现象和敌方的动向来判断敌情，在《行军篇》中孙子提出了32种判断敌情的方法；三是通过各种佯动来侦察敌情。后两种方式都可归之于战

毛泽东手迹：知己知彼，百战百胜

场侦察。

孙子“知彼知己，百战不殆”的思想，揭示了战争认识与战争行动之间的关系。作为战略家的毛泽东对孙子的这句话十分欣赏，并联系战争指导实践，对其内涵作出了独到的解释。他在《中国革命战争的战略问题》中指出:“有一种人,明于知己,暗于知彼,又有一种人，明于知彼，暗于知己，他们都是不能解决战争规律的学习和使用的问题的。中国古代大军事学家孙武子书上‘知彼知己，百战不殆’这句话，是包括学习和使用两个阶段而说的，包括从认识客观实际中的发展规律，并按照这些规律去决定自己行动克服当前敌人而说的；我们不要看轻这句话。”但历史上的确有不少人“看轻了这句话”，对孙子揭示的这一战争指导规律没有引起充分的重视。朝鲜战争中，美军的史密斯支队在对敌情和战场情况一无所知的情况下，贸然入朝作战，采取了错误的指挥和行动，导致全军覆没的结局。

史密斯支队的覆灭

孙子认为，在战争中，了解敌情比了解我情更加困难，也更加重要，因此把“知彼”置于优先位置。朝鲜战争中，美军入朝的第一支部队——史密斯支队，就是在“不知彼”的情况下，打了一场“糊涂仗”，最后惨遭覆灭。

仓促入朝，盲目轻敌

1950年6月25日，朝鲜战争爆发。朝鲜人民军以迅猛的攻势，突破三八线，攻占汉城，进抵汉江北岸。6月30日，美国总统杜鲁门做出美军地面部队介入朝鲜内战的决定，麦克阿瑟急调驻在日本的美军第24师入朝，史密斯支队作为先遣队于7月1日抵达朝鲜，并受命在水原以南的乌山构筑防线。史密斯支队共440人，由两个步兵连和两个炮兵排组成，史密斯中校任指挥官。史密斯支队是在事先毫无准备的情况下仓促入朝的。行前，史密斯中校对24师师长迪安将军说，他特别想知道，他们将要奔赴的那个

史密斯支队抵达大田车站

叫朝鲜的地方，现在情况到底怎样。将军回答，你们只需尽快赶到预定地点，至于那里的情况，很遗憾，我无法提供更多的情报，只愿上帝保佑你们。从上级的命令和漫不经心的口吻中，史密斯感觉到，这也许是一个用不着费劲儿的任务，所以他也很轻松地对下属说：北朝军队看到你们，会掉头就跑的。但实际情况却远非那么轻松，当战场上他们遇到了强大的对手，最后“掉头就跑”的正是他们自己。

不知敌情，一败涂地

7月5日凌晨3时许，史密斯支队进入防御阵地。8时30分，发现以33辆坦克组成的人民军坦克纵队迎面冲过来。美军炮兵接到命令，先后以105毫米榴弹炮、75毫米无后坐力炮和60毫米火箭筒向敌坦克开火，并准确地命中了目标。但令美国人大惊失色的是，对方装有重装甲的俄式T-34坦克几乎未受损伤，继续轰鸣着向他们驶来，这是他们事先完全没有预料到的。只是当105榴弹炮用反

朝鲜战争中的朝鲜人民军空军

坦克炮弹射击时，才有4辆敌方坦克中弹起火，但这种炮弹只有6发，根本无法阻止敌方坦克的进攻。人民军的坦克突破了美军的防御阵地，向纵深开进。随后，对方约两个团的步兵在3辆坦克的引导下发起正面攻击，并向美军阵地的两翼迂回。美军步兵虽然组织了抵抗，但由于通讯设施被毁，无法取得纵深炮兵的支援。随着朝鲜人民军包围圈的不断缩小，美军陷入了非常危险的境地。战至中午12时30分，史密斯中校下令撤退。本来计划按序列梯次后撤，但此时的美军已成惊弓之鸟，一接到撤退的命令便争相夺路而逃，溃不成军。途中遭到人民军的阻击，损失惨重。此役，作为第一支入朝美军的史密斯支队遭到了毁灭性打击，大半被歼，72人被俘，只有史密斯中校和少数人逃出。

朝鲜战争中的美军战俘

史密斯支队覆灭的一个重要原因就是美军官兵对敌情，包括数量、装备和战斗力等情况，几乎一无所知，盲目轻敌。这一失利，对美军24师其他部队也造成强大的心理震撼，并直接影响到其随后的作战行动。经此一役，美军领教了朝鲜人民军的厉害，迪安师长在给麦克阿瑟的信中坦率承认：北朝鲜军队，北朝鲜士兵，他们的训练情况及装备质量都已被我们大大地低估了。由日本陆战史研究普及会编写的《朝鲜战争》一书，在介绍这一战例的章节前面，赫然引用了孙子的名言："知彼知己者，百战不殆；不知彼而知己，一胜一负；不知彼，不知己，每战必殆"，这是对美军入朝首战失利原因的最好注解。

第四篇 《形篇》

提要：本篇主要讲的是军事实力问题。孙子认为，在战争开始之前，必须要有充分的战争准备，使自己立于不败之地。一旦敌人出现可乘之机，就要迅猛出击，战胜敌人。最高明的胜利，不是靠大量杀敌立下战功，而是造成与敌人悬殊的实力对比，非常轻易地取得胜利。

【原文】

孙子曰：昔之善战者，先为不可胜，以待敌之可胜。不可胜在己，可胜在敌。故善战者，能为不可胜，不能使敌之可胜。故曰：胜可知而不可为。不可胜者，守也；可胜者，攻也。守则不足，攻则有余。善守者，藏于九地之下；善攻者，动于九天之上，故能自保而全胜也。

见胜不过众人之所知，非善之善者也；战胜而天下曰善，非善之善者也。故举秋毫不为多力，见日月不为明目，闻雷霆不为聪耳。古之所谓善战者，胜于易胜者也。故善战者之胜也，无智名，无勇功。故其战胜不忒，不忒者，其所措必胜，胜已败者也。故善战者立于不败之地，而不失敌之败也。是故胜兵先胜而后求战，败兵先战而后求胜。善用兵者，修道而保法，故能为胜败之政。

兵法：一曰度，二曰量，三曰数，四曰称，五曰胜。地生度，度生量，量生数，数生称，称生胜。

故胜兵若以镒称铢，败兵若以铢称镒。

胜者之战民也，若决积水于千仞之溪者，形也。

【白话今译】

孙子说：从前善于打仗的人，总是先创造条件，使自己不会被敌人战胜，然后等待战胜敌人的机会。不被敌人战胜依靠己方的稳固防御，而战胜敌人则取决于敌方是否有机可乘。善于打仗的人，能够使己方不被敌人战胜，却不能使敌方一定被自己所战胜。所以说，胜利是可以预见的，却是不能强求的。若要不被敌人战胜，就要实施防御；想要战胜敌人，就要实施进攻。实施防御，是由于己方兵力不足；实施进攻，是由于己方兵力有余。善于防御的军队，隐蔽自己的兵力如同深藏于地下不露行迹；善于进攻的军队，展开自己的兵力如同神兵从天而降锐不可当。所以，既能保全自己，又能夺取完全的胜利。

预见胜利不超出一般人的见识，这算不上高明中最高明的。经过苦战而取胜，即便是天下人都说好，也不能算是高明中最高明的。这就像能举起秋毫的人算不上力大，能看见日月的人算不上眼明，能听到雷鸣的人算不上耳聪一样。古时候所说的那些善于用兵打仗的人，总是战胜易于被战胜的敌人。因此，那些善于打仗的人打了胜仗，既没有智慧的名声，也没有勇武的战功。他们取得胜利，是不会有差错的。之所以不会有差错，是因为他们的作战行动建立在必胜的前提之下，是战胜那些业已处于失败地位的敌人。善于用兵打仗的人，总是首先确保自己立于不败之地，同时也不放过任何可以击败敌人的机会。所以，打胜仗的军队，总是首先创造战胜敌人的条件，然后再与敌人作战；而打败仗的军队，总是先冒然与敌人作战，然后期求侥幸取胜。善于指导战争的人，必须修明政治，确保法制，因此能掌握战争胜负的决定权。

按照兵法，要把握这样几个问题：一是“度”，二是“量”，三是“数”，四是“称”，五是“胜”。敌对双方国土面积的“地”，决定国家幅员大小的“度”；敌对双方幅员大小的“度”，决定双方物质资源多少的“量”；敌对双方物质资源多少的“量”，决定能动员和维持军队数量的“数”；敌对双方兵员多少的“数”，决定双方军事实力强弱的“称”；敌对双方军事实力强弱的“称”，最终决定战争的胜负结局。

胜利的军队较之于失败的军队，就像是以“镒”比“铢”那样处于绝对的优势地位；而失败的军队较之于胜利之师，则有如以“铢”比“镒”那样处于绝对的劣势地位。

军事实力强大的胜利者指挥军队同敌人作战，就像在万丈悬崖上决开山涧的积水那样飞流直下，一往无前，这就是军事实力上的“形”。

【术语解释】

形：中国古代关于军事力量的术语。形的本意是形态、形象。这里主要是指有形的军事力量，也就是军队的人员、武器装备等物质力量。孙子告诫人们，要想取得胜利，首先要在实力上处于绝对优势。

度、量、数、称、胜：孙子关于衡量敌对双方综合国力与战争胜负关系的五个词汇。度，即度量土地幅员；量，即计量军赋资源；数，即计算兵员多寡；称，即衡量双方实力强弱；胜，即双方胜负的结局。孙子认为，它们是一组相互关联的要素，具有层层递进的关系：“地生度，度生量，量生数，数生称，称生胜”。

【思想要点】

充分的战争准备是自保和取胜的首要条件

“不打无准备之仗”，这是任何军事家都需谨记的一条战争基本法则。孙子对战争准备十分重视，他说：“以有准备的军队对付没有准备的敌人的，能够胜利。”[1] 他又说：“用兵的法则是，不

[1] 《孙子兵法·虚实篇》。

要寄希望于敌人不来犯，而要依靠自己做好充分的准备；不要寄希望于敌人不进攻，而要依靠自己具备敌人不敢进攻的实力。”[1]

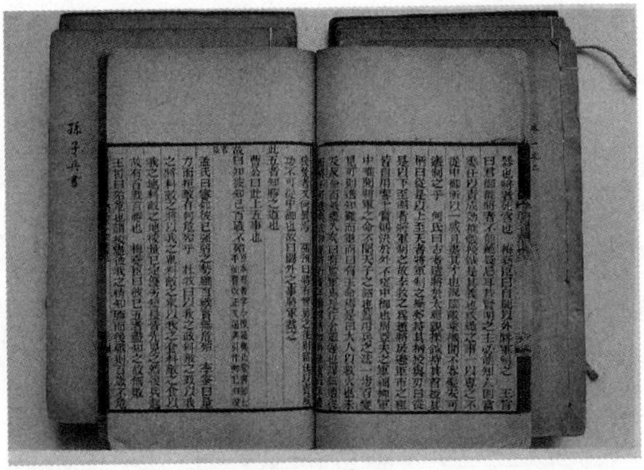
清版《孙子兵书》书影

战争是敌对双方力量和智慧的抗衡，取决于主观与客观两方面。孙子很清醒地认识到这一点，他说，胜利要靠自己主观的努力，也要看敌人客观上是否有可乘之机。因此，他把战争过程分为两个步骤，第一步是做好战备，确保自己不会失败；第二步是等待敌人的可乘之机。如果要取得战争的胜利，这两个步骤缺一不可：如果没有充分的准备，有战机也抓不住；反之，即使准备再充分，谋划再周密，也不能确保敌人出现失误。所以孙子在本篇中说：“胜利是可以预见的，却不可强求。”这一观点虽然有些让人沮丧，却道出了战争具有巨大或然性的本质属性。但是，从驾驭战争的角度来讲，战争准备显然比等待敌人可胜之机更重要，因为它完全取决于自己一方，是战争中最可控的因素，是自保的前提，也是取胜的基础。

战争准备具体包括哪些内容呢？孙子在这一篇中虽然没有明

[1] 《孙子兵法·九变篇》。

确说明，但从全书的内容来看，战争准备必然包括物质、精神、谋略等方面，例如，选用贤能的将领（将孰有能）、训练有素的士兵（士卒孰练），将士团结一致（上下同欲者胜）、纪律严明（赏罚孰明），精良的武器装备（军无辎重则亡）、充足的后勤补给（军无粮食则亡，无委积则亡），充分了解敌我双方的情况（知彼知己者，百战不殆），以及针对敌情的方略谋划（伐谋、伐交）等等。只有在这些方面做好准备，才能真正做到立于不败之地。

孙子关于战争准备的思想是中国古代兵学思想的重要命题，后人在战争实践中，不断将这一思想深化发展。在 1000 多年前的宋代，一位叫许洞的军事理论家将战争准备细化成了一系列指标，称为“三和”、“三有余”、“三必行”。“三和”指的是“国家团结”、“军队团结”、“行阵团结”，“三有余”指的是“力量有余”、“粮食有余”、“道义有余”，“三必行”指的是“一定要施行自己的计谋”、“一定要奖励有功的人”、“一定要惩罚有罪的人”，这九点涵盖了战前准备的各个层面，可以帮助我们更好地理解孙子的思想。

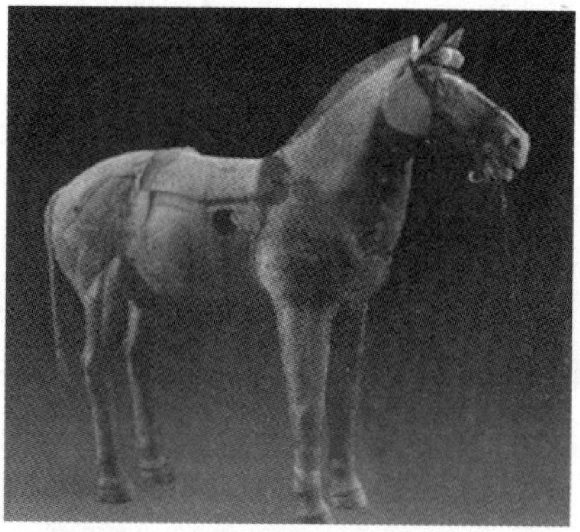
秦陵兵马俑坑中的战马

孙子的战争准备思想是中国古代军事家奉行的基本原则，这方面有很多经典战例。15 世纪中期，明代将领于谦在外族围攻北京的危难时刻，成功组织了北京保卫战，其主要原因就是做了充分的战争准备。

于谦领导的北京保卫战

公元1449年，明朝的英宗皇帝亲率五十万大军出征中国北部的蒙古瓦剌部，结果在土木堡大败，英宗被俘。随后，瓦剌军挟持英宗南下，直逼明都北京。

于谦像

在此危急时刻，一些人主张将都城南迁，避免与瓦剌决战。掌管兵部的大臣于谦坚决反对迁都，主张誓死保卫北京。他临危不惧，毅然担当起北京保卫战统帅的职责。他指挥明军在五个方面加强了战备。一是诛除土木堡之败的罪魁祸首——大宦官王振的党羽，平息了众怒，鼓舞了士气。二是拥立了新的皇帝，稳定了政局，挫败了瓦剌挟持英宗招降各地的图谋。三是选任精兵强将，委任了一批骁勇善战的将领，并调数百万石粮食入京，同时加紧筹备武器装备，将驻京部队由不足十万人扩充至二十二万。四是加强北京西北的军事重镇大同、宣府、居庸关、紫荆关等要地的防守，迟滞瓦剌军南下进程，为战争准备争取时间。五是将主力二十二万人列阵北京城九门之外，然后闭门誓师，激发将士死地求生的斗志。作为文臣的于谦还亲自披挂上阵，身先士卒，大大鼓舞了军心士气。

经过这些充分的战争准备，北京城的防卫能力迅速提升，在北京保卫战中，城内军民同仇敌忾，多次击退瓦剌军的进攻。瓦剌军见取胜无望，又深恐归路断绝，只好撤兵。

完美的胜利是轻易的胜利

孙子是一个高明的战略家，也是一个智慧的哲学家。他不主张在战场上靠死拼硬打取得胜利，而是更赞赏牺牲小而收获大的成功。在这一篇中，他一连用了三个比喻来形容胜利的至高境界。他说，一个人举起一根鸟兽秋天新长出的毫毛算不上力气大，看得见日月的光芒算不得眼力好，听得见雷霆之声也算不上听力好。高明的胜利也是如此，它是占有绝对优势一方对绝对劣势一方的胜利，它是如此的轻而易举，如此的顺理成章，以致于常人根本看不到惨烈的杀戮，体会不到精妙的谋略，感受不到辉煌的成功和煊赫的声名。

要取得完美的胜利，关键是造成敌我双方悬殊的实力对比，也就是孙子所说的“以镒称铢”。古人一般以二十两为一镒，以二十四铢为一两，如此，则一镒相当于四百八十铢，“以镒称铢”就是以 480 : 1。还有一种说法是以二十四两为一镒，那么，镒与铢的比例更是高达 576 : 1。总之，“以镒称铢”就是以绝对优势对绝对劣势，如杀鸡用牛刀一般，毫不费力。

如何取得“以镒称铢”的效果？关键还在战争准备。这种准备的目的不是“不可胜”，而是从根本上确保战争胜利。因此，它不局限于军事领域，而是涉及整个国家的综合国力。孙子用了“度”、“量”、“数”、“称”、“胜”等五个概念。因为过于简略，人们对这五个概念很难有确切的解说，但是，大体来看，它指的还是一个政权的经济实力与军事胜负的关系。在孙子生活的时代，各个诸侯国都按照土地面积的大小、农民的多少抽组军队。地广人多的国家，军队人数相对多些；地狭人少的国家，军队人数相应少些。按照一般的理解,“度”、“量”、“数”、“称”、“胜”指的是军队形成过程中递进的五个因素，它们之间的逻辑关系是：土地面积决定粮食产量，粮食产量决定兵员多少，兵员数目决定军事实力，军事实力决定战争胜负。对于任何一个政权而言，综合实力都是决定战争胜负的根本因素。如果能够在综合实力上远远超过对方，就能造成“以镒称铢”的态势，轻易地战胜敌人。这就像是一个职业拳击手和一个小孩子打架一样，如果没有意外，结果是毫无悬念的。

秦跪射俑

孙子所揭示的是战争的一般规律。任何战争要获取胜利，都要想方设法营造力量优势，优势越明显，胜算越大。中国古代第一个封建王朝——秦朝的建立过程，就是在战争中不断形成并利用力量优势的过程。

秦统一六国

秦兵马俑军阵队形

在距今两千多年的几个世纪中，中国处于诸侯混战的战国时期，经过长期的战争，逐渐形成了齐、楚、燕、韩、赵、魏、秦等七个实力较强的诸侯国。在这七个国家中，秦国僻处中国西北部，经济文化较为落后。但秦国任用政治家商鞅进行改革，重视农耕，奖励战功，迅速改变了国家的政治面貌，提高了国家的经济实力，建立了强悍的军队，成了七国中实力较强的一个。此后，秦国不断攻打周边的国家，扩大领地。到秦王嬴政时期，秦国国力臻于鼎盛，不但拥有战车万辆，精兵百万，而且国库丰足，沃野千里，据有很多山川险固的战略要地。无论是军事实力还是国家综合实力，秦国已经远远高于其他六国，形成了“以镒称铢”的态势。从公元前 230 年至公元前 221 年，在不到 10 年的时间里，秦国先后灭掉韩、魏、楚、燕、赵、齐六个诸侯国，完成了国家统一。

形——实力的表现形态

“形”是这一篇的篇名，也是《孙子兵法》中一个十分重要的概念。孙子在篇末给“形”下了一个定义，这个定义是以比喻的形式出现的，他说：“军事实力强大的胜利者指挥军队同敌人作战，就像在万丈悬崖上决开山涧的积水那样飞流直下，一往无前，这就是军事实力上的‘形’。”在下一篇中，孙子论述了另一个重要概念——势。“形”与“势”构成了一对重要的兵学范畴。

在古代文献中，“形势”很早就作为一个合成词使用。在相传为孙子后代的孙膑所著的《孙膑兵法》中，已经有这样的用法。在距今约 2000 年前的中国汉代，一位叫任宏的军事理论家将军事学术分为四类,其中的第二类就是“兵形势家”。按照他的解释，所谓形势，就是像迅雷骤风一样，后发先至，变化无常，凭借迅疾的力量制服敌人。在

孙膑像

今天的现代汉语中，“形”与“势”也基本上作为一个词使用，很少有人再仔细分别“形”与“势”的不同含义。但在孙子的论述中，“形”、“势”是明显不同的两个概念，它们之间既相互区别，又密切联系。“形”由形体、形象引申而来，指军事实力的强弱之状（即《势篇》所谓“强弱,形也”),是决定战争胜负的客观的、常态的、一般的因素。下一篇中的“势”则不然,它是指挥者对“形”的创造性运用，是最大限度地释放“形”所蕴含的实力，产生巨大的动能，它更多地带有主观、无常、动态的特点。

第五篇 《势篇》

提要：本篇主要讲军事力量的动态运用问题。孙子认为，优秀的将领应在作战中高度灵活主动，运用各种谋略和手段创造优势，并将优势发挥到极致。在本篇中，孙子阐述了“分数”、“形名”、“奇正”、“虚实”、“势”、“节”等中国古代军事学的重要概念，提出了“奇正相生”、“择人而任势”等重要战术原则。

【原文】

孙子曰：凡治众如治寡，分数是也；斗众如斗寡，形名是也；三军之众，可使必受敌而无败者，奇正是也；兵之所加，如以碫投卵者，虚实是也。

凡战者，以正合，以奇胜。故善出奇者，无穷如天地，不竭如江河。终而复始，日月是也；死而复生，四时是也。声不过五，五声之变，不可胜听也；色不过五，五色之变，不可胜观也；味不过五，五味之变，不可胜尝也；战势不过奇正，奇正之变，不可胜穷也。奇正相生，如循环之无端，孰能穷之？

激水之疾，至于漂石者，势也；鸷鸟之疾，至于毁折者，节也。是故善战者，其势险，其节短。势如彍弩，节如发机。

纷纷纭纭，斗乱而不可乱也；浑浑沌沌，形圆而不可败也。

乱生于治，怯生于勇，弱生于强。治乱，数也；勇怯，势也；强弱，形也。

故善动敌者，形之，敌必从之；予之，敌必取之。以利动之，以卒待之。

故善战者，求之于势，不责于人，故能择人而任势。任势者，其战人也，如转木石。木石之性，安则静，危则动，方则止，圆则行。故善战人之势，如转圆石于千仞之山者，势也。

【白话今译】

孙子说：管理很多的人如同管理很少的人一样，这是“分数”问题；指挥很多的人如同指挥很少的人一样，这是“形名”问题；部队遭到敌人的攻击而不溃败，这是“奇正”问题；挥兵所向如以石击卵，这是“虚实”问题。

凡是用兵作战，通常要以“正”兵当敌，以“奇”兵取胜。所以说，善于出奇制胜的将领，其战法就像天地一样变化无穷，像长江黄河一样不会枯竭。终而复始，如同日月的运行；去而复来，如同四季的更迭。声音不过五个音阶，但五音的变化听不胜听；颜色不过五种，但五色的变化看不胜看；滋味不过五样，但五味的变化尝不胜尝；战法不过奇、正，但奇正的变化无穷无尽。奇、正相互转化，就像循圆环旋绕，无始无终，谁能穷尽它呢？

迅猛的流水，能将石头漂走，靠的是“势”；凶猛的飞禽，快速搏击，能捕杀鸟兽，靠的是“节”。所以说，善于指挥作战的人，他所创造的态势十分险峻，发起进攻的节奏非常短促。险峻的态势就像张满的弓弩，短促的节奏犹如一触即发的弩机。

在纷乱杂沓的状态中作战，要使军队严整而不混乱；在混沌不清的情况下打仗，要部署严密而不可被打败。

严整的军队也会产生混乱；勇猛的军队也会出现胆怯；强大的军队也会变得虚弱。严整或混乱，取决于组织编制；勇敢或怯懦，取决于态势；强大或弱小，取决于实力。

所以说，善于调动敌人的将帅，以假象欺骗敌人，敌人就会听从调动；用小利诱惑敌人，敌人就会来获取。用利益引诱敌人，部署军队伺机歼敌。

善于用兵的人，能够创造和顺应有利的态势，而不对部下求全责备，所以他们不会苛责部下，而着力创造和顺应有利的态势。善于创造和顺应态势的人指挥部队同敌人作战，就像转动木头和巨石一样。木石的特性是，把它们放在平坦的地方就静止，放在险峻陡峭的地方就滚动。方形的木石保持静止，圆形的木石易于滚动。所以说，善于指挥作战的将帅所创造的有利态势，就像转动圆形巨石从万丈高山上滚下来一样，这就是所谓的“势”。

【术语解释】

势：中国古代重要军事术语。在孙子的论述中，“势”主要包括两层含义：一是造势，指通过对实力的巧妙运用创造优势；二是任势，指利用客观态势，以较小的代价获得较大的胜利。

分数：指军队的组织编制。“分”是指军队的层级组织，如同现代军队的班、排、连、营等；“数”指的是数量，十、百、千、万等。孙子认为，“分数”的作用是使军队组织有序，管理众多的人如同管理少数几个人一样容易。

形名：指中国古代军队中使用的旌旗、金鼓等指挥联络工具。

奇正：中国古代重要军事术语。一般来讲，“正”是指常规的或意料之中的作战方法，“奇”是指非常规的或出乎意料的作战方法。孙子指出，“势”取决于对“奇”与“正”的运用，奇正变化无穷，是克敌制胜的关键。

【思想要点】

势

什么是势？在现代汉语中，“势”有很多含义，如态势、优势、形势，等等。在本篇中，孙子重点论述了“势”在军事学上的含义。简要地说，“势”是通过对军事力量的部署和运用，创造出的一种有利态势，在这种态势下，战斗力得以淋漓尽致地发挥，强可以胜弱，甚至弱也能胜强。相对于上一篇所讲的“形”，运动性是“势”的鲜明特点。如果说“形”指的是力量，那么，“势”就是力量的蓄积和释放，“造势”和“任势”是“势”的两种动态存在方式。在孙子对“势”的富有诗意的比喻中，我们可以真切地体会到这一点。孙子说：“迅猛的流水，能漂走石头，这就是势。”他又说：“如同转动圆形巨石从万丈高山上滚下来，这就是势。”

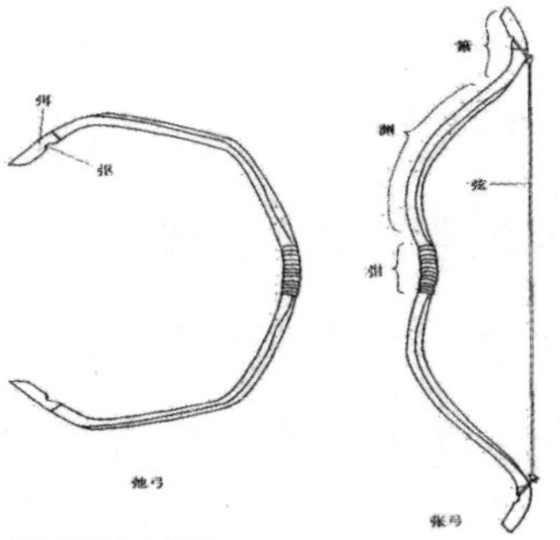

弓的形制图

“势”是《孙子兵法》中一个十分重要的概念，同时也是一个非常抽象的概念，它看不见、摸不着，却又确实存在。与一支军队固有的客观实力不同，它是在战场上由指挥官主观造就的局势，是军事指挥艺术的体现。孙子的“势”，可分为两个阶段。第一阶段是造势。在这一阶段，最重要的是发挥人的主观能动性。指挥官要善于运用各种谋略，化

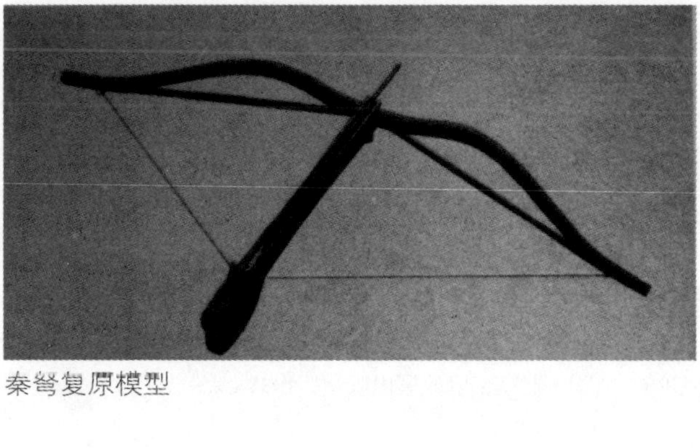
秦弩复原模型

不利为有利，创造险峻的态势。第二阶段是任势。在这一阶段，人的作用在于利用和顺应客观的态势。因为“势”成之后，它所具有的能量已经超越了参战个体的能力之和，成为军队整体战斗力的倍增器。处于优势，怯者亦强；处于劣势，强者亦怯。中国有句古话，叫做“形势比人强”，道理正在于此。

孙子还提出了一个与“势”密切相关的概念——“节”。他说，善于“任势”的人，要做到“其势险，其节短”，“势险”就是指要造成敌我局部力量对比的不平衡，不平衡的程度越高，态势就越险峻，所产生的动能就越大，威力也就越大。“节短”是指攻击的节奏短促，也就是指行动要有突然性，有爆发力。孙子用了一个比喻，他说，“势”就像是张满待发之弩；“节”就像扣动弩机。为了更好地理解“势”与“节”的关系，我们不妨参照刘伯承元帅所做的解释。刘伯承元帅为部下讲解“势”时，举了一个有趣的例子。他说，在中国的南方，有一种小飞禽，长着绿色的羽毛，体长约 15 厘米，头大，体小，有一个像钉子一样的尖尖的嘴。它在水面上飞行，发现水中有鱼，就会将双翅夹拢，依靠全身的力量，从天而降，如同利箭一样插入水中，将鱼捕获。有时候，它甚至能捉到比它自身还大的鱼[1]。孙子所讲的“势险”、“节短”就像这种鸟，冲下来很猛，时间却很短促。

孙子所讲的势也包括地势，这部分内容在后面几篇中有较多

[1] 陶汉章编著《孙子兵法概论》，中国・北京：解放军出版社，1985 年版，第 16 页。

阐述。“地势”与地形同样构成了一对范畴，地形是就地表形态而言，地势则是利用地形产生的态势。在战争实践中，有利的地势往往构成了先天的优势，成为决定战争胜负的关键因素。

与势相关的四个要素

在本篇的开头，孙子列举了四个概念：分数、形名、奇正和虚实。这四个概念都与势密切相关。

分数：军队是一个特殊的群体，必须要有严密的组织和高效的管理。因此，伴随着军队的产生和发展，层级分明的管理体制也逐渐发展起来，这就是孙子所谓的“分数”。中国古代著名军事家曹操对“分数”的解释是：“军队的各级组织叫做‘分’，各级组织的员额叫做‘数’”。“分数”是管理军队的基础，依靠它，才能把成千上万的军队管理得井井有条。

古代战旗和战士

形名：它原本是中国先秦时期一个重要思想流派——名家的重要术语，意为事物的形体和名称。在《孙子兵法》中，“形名”只出现了一次，指的是旌旗、金鼓等指挥联络工具。在第七篇《军争篇》中，有这样一段话：“听不到言语，所以使用金鼓；看不见动作，所以使用旌旗。金鼓和旌旗都是用来统一全军行动的。全军行动整齐划一，那么勇敢的士卒就不会单独冒进，怯懦的士卒也不敢单独后退。这就是指挥大部队作战的方法。”这可见在战斗中，将领要顺畅地指挥，必须借助旌旗、金鼓等工具。中国古代旌旗的名目很多，各种不同的旗帜代表不同的含义，举什么旗帜，配以什么样的金鼓，则能传达出各种复杂的战斗指令。

奇正：奇正最初是指阵法中的奇兵和正兵，奇兵和正兵不断运动变化，以取得最佳击敌效果。在《孙子兵法》中，奇正显然已经被抽象为作战的一般方法。常规的或意料之中的方法为“正”，非常规的或出乎意料的方法为“奇”。“奇”和“正”既是相互对立的，又是相互依存的，有奇才有正，有正才有奇。奇正变化，构成不同的“势”。孙子说：“战势不过奇正”，奇正是“势”的核心。

虚实：虚实也是中国古代重要军事学术语，《孙子兵法》中的第六篇专门讲“虚实”问题。在本篇中，孙子用了一个比喻来讲“虚实”，他说：“挥兵所向，如以石击卵，这就是虚实。”以石击卵，就是以己之实击敌之虚。虚实与奇正关系密切，运用奇正的目的就是要“避实击虚”。

分数、形名、奇正和虚实构成了“势”的四个要素，其中，分数和形名是军队管理的基础，也是“造势”和“任势”的基础；奇正和虚实是战役指挥的核心，也是“造势”和“任势”的关键。

奇正相生

奇正是《势篇》的核心，也是孙子作战思想中最精要的部分。孙子认为，战斗的胜负，关键在于能否善用奇正。但是，毫无疑问,在《孙子兵法》中,奇正又是最难理解的概念之一。古往今来，人们对奇正有很多不同的解释，比如，以警戒、守备为正，以集中机动为奇；以钳制为正，以突击为奇；以正面进攻为正，以迂回侧击为奇；以先出动为正，以后出动为奇；以明攻为正，以暗袭为奇，等等。这些解释都有道理，又都不全面，就像是盲人摸象一样，有的人摸到大象的耳朵，就说它像扇子；有的人摸到大象的腿，就说它像柱子。那么，究竟如何理解孙子的奇正思想呢？我们恐怕必须从孙子本人的论述中去寻找答案。这里有两个要点需要特别注意。

河南三门峡上村岭虢国墓地出土的古战车

其一，出奇方能制胜。孙

子说："用兵作战，以正兵当敌，以奇兵取胜"，可见，在"奇正"二字中，"奇"字更重要。"奇"主要有两层含义。一是"异"。在中国山东临沂银雀山出土的兵书中，专门有一篇讨论奇正问题。书中说，相同的事物较量，很难胜出，所以要"以异为奇"，比如，动是静的奇，治是乱的奇，众是寡的奇，等等。这一观点对于我们理解孙子的奇正思想很有帮助。二是出其不意。"奇"之所以能制胜，主要是因为它出乎敌人的意料，使敌人猝不及防。"善出奇"就是要善于变化，用敌人意想不到的方式制胜。

辎车（汉画像砖）

其二，奇正相生。孙子认为，奇和正不是截然对立的，也不是一成不变的，奇正可以相互转化，就像沿着圆环转动一样，无始无终，无穷无尽。这一观点给后来的军事家很大启发。唐代著名将领李靖的论述最为透辟。李靖认为，善于用兵的将帅，可以自如地运用奇正，奇和正没有固定的标准，奇可以变为正，正也可以变为奇，关键是造成敌人的错误判断，出乎敌人的意料。比如，本来是一种常规的作战方法，敌人没料到，就是"奇"；反之，本来是一种非常规的作战方法，敌人料到了，那也就谈不上"奇"了。

孙子的奇正思想深刻影响了中国战争史。古往今来，无数军事家在战争中体悟这一思想，并将它成功付诸实践。中华人民共和国开国元帅刘伯承就是其中卓越的一位。刘伯承十分推崇孙子的奇正论，他说："正兵和奇兵，是辨证的统一，是为将者必须掌握的重要法则。""什么是正兵呢？大体上讲：按照通常的战术原则，以正规的作战方法进行战斗的，都可以叫做正兵。根据战场情况，运用计谋，攻其无备，出其不意，打敌于措手不及，不是采取正规作战方法，而是采取奇妙的办法作战的，都可以称为奇兵。"[1] 在战争中，刘伯承以此为指导，努力寻求出奇制胜的办法。1937 年 10 月，他指挥军队与侵华日军作战，先是在山西省平定县七亘村设伏，歼灭了日军的辎重部队；两天后，又在同一地点再次设伏，再败敌军。这种作战方法完全打破常规，出敌不意，是对孙子奇正思想的完美诠释。

刘伯承同一地点两次设伏

1937 年 10 月中旬，侵华日军沿正太铁路向中国进犯。为配合国民党军正面作战，刘伯承率部进抵山西省平定县，积极寻机侧击日军。据侦察得知，日军第 20 师团一部正向平定进犯，其后方辎重部队有千余人。

刘伯承判断：日军为了控制正太铁路南的平行大道，必然加

[1] 陶汉章编著《孙子兵法概论》，中国·北京：解放军出版社，1985 年版，第 19 页。

七亘大捷纪念碑

紧向平定运送辎重兵粮。他当机立断，决定在敌人运送辎重的必经之路上打一场伏击战。他仔细考察了地形，发现七亘村四面环山，沟壑纵横，峡谷陡峭，道路崎岖，地势十分险峻，是理想的设伏场所。

于是，刘伯承部署部队在七亘村附近待敌。26 日，日军辎重部队向西开进。当敌人进入伏击区，设伏部队突然发起冲击，经 2 小时激战，击毙日军 300 余人，缴获骡马 300 多匹及大批军用物资。

当天，刘伯承得到情报，日军正在加紧调动，急于打通正太铁路，从背后威胁太原。据此，他判断七亘村仍然是日军的必由之路，因为舍此别无通道。再者，日军刚刚在七亘村遭遇伏击，万万想不到八路军会在同一地点重复设伏。他决定，在七亘村再来一次伏击。

为了迷惑日军，当 27 日日军派兵到七亘村收尸时，刘伯承让主力部队佯装撤退，造成七亘村无兵把守的假象，实际上却对伏击行动做了周密部署。28 日，敌人的辎重部队果然循原路西进，再次落入八路军的伏击圈。此战，击毙日军 100 余人，缴获骡马数十匹。

奇正虽然是中国的古老术语，但孙子的奇正理论却揭示了战争指导的一般规律。在古今中外的战争史上，几乎所有经典战例都成功演绎了奇正理论，尽管很多人并不像刘伯承那样深入研究过《孙子兵法》，甚至于很多人对“奇正”闻所未闻。例如，海湾战争中著名的“左勾拳”行动，美军以第 1 陆战远征部队和阿拉伯联合部队沿科沙边境正面进攻，以牵制伊军主力；与此同时，美军第 7 军和第 18 空降军从伊军侧后突入，重创伊共和国卫队。这不正是孙子所说的“以正合，以奇胜”吗？

第六篇 《虚实篇》

提要：本篇主要讲夺取战场主动权问题。孙子指出，要运用多种方法调动敌人，使敌人力量分散或出现薄弱点，然后集中己方优势力量，避实击虚。这是用兵作战的一般法则。战争没有固定的模式，也没有一成不变的方法，关键是要根据战场实际情况灵活用兵。

【原文】

孙子曰：凡先处战地而待敌者佚，后处战地而趋战者劳。故善战者，致人而不致于人。

能使敌人自至者，利之也；能使敌人不得至者，害之也。故敌佚能劳之，饱能饥之，安能动之。

出其所不趋，趋其所不意。行千里而不劳者，行于无人之地也。攻而必取者，攻其所不守也；守而必固者，守其所不攻也。

故善攻者，敌不知其所守；善守者，敌不知其所攻。

微乎微乎，至于无形，神乎神乎，至于无声，故能为敌之司命。

进而不可御者，冲其虚也；退而不可追者，速而不可及也。故我欲战，敌虽高垒深沟，不得不与我战者，攻其所必救也；我不欲战，画地而守之，敌不得与我战者，乖其所之也。

故形人而我无形，则我专而敌分。我专为一，敌分为十，是以十攻其一也，则我众而敌寡。能以众击寡者，则吾之所与战者，约矣。吾所与战之地不可知，不可知，则敌所备者多，敌所备者多，则吾所与战者，寡矣。

故备前则后寡，备后则前寡，备左则右寡，备右则左寡，无所不备，则无所不寡。寡者，备人者也；众者，使人备己者也。

故知战之地，知战之日，则可千里而会战；不知战地，不知战日，则左不能救右，右不能救左，前不能救后，后不能救前，而况远者数十里，近者数里乎?

以吾度之，越人之兵虽多，亦奚益于胜败哉?

故曰：胜可为也。敌虽众，可使无斗。

故策之而知得失之计，作之而知动静之理，形之而知死生之地，角之而知有余不足之处。

故形兵之极，至于无形。无形，则深间不能窥，智者不能谋。

因形而错胜于众，众不能知。人皆知我所以胜之形，而莫知吾所以制胜之形。故其战胜不复，而应形于无穷。

夫兵形象水，水之形，避高而趋下；兵之形，避实而击虚。水因地而制流，兵因敌而制胜。故兵无常势，水无常形。能因敌变化而取胜者，谓之神。

故五行无常胜，四时无常位，日有短长，月有死生。

【白话今译】

孙子说：凡是先占据战场而等待敌人的一方就从容、主动，后到达战场而仓促应战的一方就疲劳、被动。所以善于指挥作战的人，总是设法调动敌人而不被敌人调动。

能够使敌人自动就范的，是用小利引诱它的结果；能使敌人无法到达其预定地域的，是制造困难阻止它的结果。因此，敌人休整得好，能设法使它疲劳；敌人给养充足，能设法使它饥饿；敌人驻扎安稳，能设法使它移动。

出击敌人无法救援的地方，奔袭敌人意料不到的方向。部队行军千里而不疲劳，是因为行进在没有敌人设防的地区；进攻必然获胜，是因为攻击了敌人无法固守之处；防守必然稳固，是因为扼守在敌人无法进攻之处。

所以，善于进攻的人，能使敌人不知该在何处防守；善于防守的人，能使敌人不知该从何处进攻。

微妙啊！微妙到使敌人看不出一点形迹；神奇啊！神奇到使敌人听不见一点声息。这样便能成为敌人命运的主宰者。

进攻而使敌人无法抵御，是因为攻击了敌人的空虚之处；撤退而使敌人无法追击，是因为行动迅速而使敌人追赶不上。所以我军想打，敌人即使坚守在深沟高垒之中，也不得不出来与我交战，是因为我军攻击了敌人必须救援之处；我军不想打，即使是画地而守，敌人也无法与我交战，是因为我军设法使敌人改变了行动方向。

所以，能使敌情暴露而隐蔽我军真实情况，这样我军就可以集中兵力而使敌人力量分散。我军兵力集中为一，敌人兵力分散为十，我军就能以十倍于敌的兵力去打击敌人，从而造成我众而敌寡的有利态势。能做到以众击寡，那么与我军交战的敌人就很少了。我军所要进攻的地点敌人无法得知，敌人无法得知，则需要设防的地方就多，敌人设防的地方越多，我军进攻当面之敌就越少。

因此，防备前面，后面的兵力就薄弱；防备后面，前面的兵力就薄弱；防备左翼，右翼的兵力就薄弱；防备右翼，左翼的兵力就薄弱；处处防备，就处处兵力薄弱。兵力少，是我方被动防敌的结果；而兵力多，是使敌防备我方的结果。

所以，预知作战的地点，预知作战的时间，即使远距千里，也可以集中兵力与敌交战。不知道作战的地点，不知道作战的时间，那就会左翼不能救右翼，右翼不能救左翼；前军不能救后军，后军不能救前军，更何况远者相距数十里，近者相距数里呢!

依我看来，越国的军队虽然数量众多，又能对取得战争的胜利有什么补益呢?

所以说，胜利是可以争取的。敌人兵力虽多，可以使它无法与我交战。

所以，通过分析判断，就可以明了敌人作战谋划的得失。通过挑动敌人，就可以明了敌人的行动规律。通过示形动敌，就可以明了敌人所处地形有利或不利之处。通过战斗侦察，就可以明了敌人兵力部署中的强点和弱点。

因此，把示形惑敌的手段运用到极点，就能完全隐蔽我军的真实情况。这样，即使隐藏很深的间谍也窥探不到我的虚实，即使再有智慧的敌人也对我无计可施。

把根据敌情变化而取得的胜利摆在众人面前，人们也还是看不懂其中的奥妙。人们只知道我采取何种战法去战胜敌人，却不知道我是如何根据敌情而灵活运用战法的。所以，每次打胜仗都不是重复以往的战法，而是根据不同的敌情，不断变换战法。

用兵就像流水一样，水的流动规律是避开高处而流向低处；用兵的法则是避开敌人的强点而攻击敌人的弱点。流水顺着不同的地形地势而流动，用兵根据不同的敌情采用不同的战法而取得胜利。因此，用兵打仗没有固定的战场态势，就像水流没有固定不变的形状一样，能够根据敌情变化而采取不同战法获胜的，就可称得上是用兵如神。

五行中没有哪一个元素能克制所有其他元素；四季中没有哪一个季节能固定不变；白昼有短有长，月亮有晦有明。

【术语解释】

虚实：中国古代重要军事术语。“实”是指力量坚实；“虚”是指力量薄弱。在《孙子兵法》中，“虚实”是“势”论的组成部分，其核心是“避实击虚”。

形兵：指以各种手段欺骗、调动敌人，目的是了解敌情或形成敌实我虚的有利态势。“形兵”的最高境界是不着痕迹。

五行：中国古人以金、木、水、火、土为五行，认为这五种元素存在相生相克的关系。

【思想要点】

掌握主动权是夺取胜利的根本

西汉彩绘骑兵俑

主动权是军队获取胜利的命脉，谁掌握了它，谁就掌握了通往胜利之门的钥匙。相反，谁失去了它，谁就必然陷入失败的泥潭。孙子早在两千多年前已经深刻认识到了这一点，他把在战争中争取主动、避免被动当作了一条根本性的战争指导原则。孙子认为，争取主动权就是灵活利用一切手段欺骗和调动敌人，使敌人被我牵着鼻子走，最终在于我有利的时间和地点，形成以我之实击敌之虚的态势，战而必胜。

那么，如何才能取得主动权呢？在《计篇》、《形篇》、《势篇》等篇中，孙子讲了很多种欺骗和佯动的方法，例如，采取行动却要装作不行动，有能力却要装成没能力，等等。在《军争篇》中，孙子甚至说出了“兵以诈立”（“用兵打仗以诡诈多变取胜”）的名言。但在本篇中，孙子对争取主动权的方法讲得是最为详尽的。这些方法包括：

A. 利诱敌人

趋利避害是人的本性，也是军事行动的一般规律。如果想让敌人按照我方的意图行动，最好的办法就是利用敌人的贪利心理。

B. 侵害敌人

调动敌人的另一种方法是侵害敌人，阻挠敌人的行动，或削弱敌人的力量。

C. 进攻敌人必须救护的部位

进攻敌人重要但防备薄弱的地点，迫使敌人出兵救助，这样就会打乱敌人的作战部署，引其向我方设定的地点运动。中国战国时期有个著名的故事，叫做“围魏救赵”，

北魏甲骑具装俑，山西

就极好地运用了这一方法。魏国进攻赵国，齐国出兵救赵，齐国军队并未直奔战场，而是乘虚进攻魏国的都城，迫使魏军回师自救，从而成功解了赵国之围。

围魏救赵

孙膑像

孙子主张将领指挥作战要做到“致人而不致于人”，夺取和保持战场主动权，这是克敌制胜的先决条件。战国时期，孙膑采用“围魏救赵”的策略，先佯攻魏国都城大梁（今河南开封），调动魏军，然后以逸待劳，伏击魏军，不但解救了赵国，而且重创魏军主力，这是运用孙子“致人而不致于人”作战原则的成功战例。

公元前354年，魏国派大将庞涓率军8万进攻赵国都城邯郸。第二年，赵国向齐国求救。齐王发兵救赵，以田忌为主将，孙膑为军师。战前，田忌与孙膑商讨作战方略。田忌主张直接把军队开到邯郸，以解赵国之围。孙膑经过深入思考，提出了另外一个作战方案——“围魏救赵”。也就是说，不直接出兵赵国，而是乘魏国出兵攻赵国内空虚之机，进攻魏国首都大梁，迫使魏军回兵救援。这样一来，既可解赵国之围，又可在魏国的国土上重创魏军。这一作战方案被田忌采纳了。

于是，齐国军队直逼魏国首都大梁。魏军得知首都受到威胁，果然立即撤军，火速回救大梁。可是魏军不知道，齐军攻打大梁只是虚张声势，其实，齐军主力早已在魏军回国的必经之地——桂陵设下了埋伏。疲惫不堪的魏军日夜兼程赶赴大梁，在桂陵遭到齐军的突然攻击，魏军毫无防备，遭到惨败。

D. 战术侦察

通过小规模的侦察行动，观察敌人的反应，进而了解敌人的实力、意图、部署等等。在中国历史上，有一位与孙子大约同时的伟大军事家叫吴起。有一次，魏国的国君问他：“两军交战，我不了解敌将的能力，该怎么办呢？”吴起回答说，可以派一支小部队进行试探，故意装作败走，如果敌军很严整，说明敌将能识破我的佯败之计，这样的将领很有才能，不要轻易与他交战；相反，如果敌军混乱喧哗，约束不严，见到我军败走就穷追不舍，这样的将领一定是酒囊饭袋，肯定要打败仗。吴起所说的这种方法，就是孙子所说的“形兵”，现代军语称为战术侦察。

当然，以上方法都有两个基本前提，那就是行动迅速和出其不意。只有具备了这两点，才能走到敌人前面，牵制敌人而不被敌人牵制。

在战争中，敌对双方都试图掌控战争的主动权，你在调动敌人，同时敌人也在调动你，你想控制局势，敌人同样想控制局势。因此，掌握战争主动权绝非易事。但是，要想做战场上的常胜将军，就必须深谙掌控战争主动权之道。中华人民共和国的第一任主席毛泽东是一位卓越的军事统帅，他有关争取主动权的思想与《孙子兵法》十分吻合，而且更加确切明晰，也更富于现代意味。我们在理解孙子思想时，不妨参照毛泽东的论述。

毛泽东明确指出，主动权是军队行动的命脉。他把“力争主动，力避被动”作为作战指导的一条重要原则。要争取主动，必须做到以下三点：一是要有占优势的战争力量。这种优势是指军队总体的数量和力量优势，更是指通过将领对兵力的分散、集中和转移而形成的战场上最大而有活力的军队，这是局部的、相对的力量优势。二是依靠正确的主观指导。正确的主观指导可以化劣势为优势，化被动为主动；相反，错误的主观指导则会化优势为劣势，化主动为被动。毛泽东指出，有计划地造成敌人的错觉，给敌人以出其不意的打击，是造成优势和夺取主动的方法，而且是重要方法。为此，毛泽东提出了很多著名的战术原则，比如“声

隋五牙舰复原模型

东击西”、“先疲后打”、“攻城打援”等等。三是“先打弱的，后打强的”。选择对我有利的时间地点和方式与敌作战，决不在敌人限定的时间、地点、方式与敌交锋。也就是说，要扬长避短，以己之长击敌之短。中国解放战争时期，蒋介石领导的政府军调集重兵进攻中国共产党创建的解放区，采取“哑铃战略”，从东西两个战场分别发起进攻。面对这种局势，毛泽东并未采取正面迎敌的战法，而是指挥解放军从敌人力量薄弱的中间突破，从根本上扭转了战局，由被动变为主动。

作为中国历史上两位最著名的军事家，孙子和毛泽东关于战争主动权的论述是何其相似！事实上，无论古今中外，伟大将帅成功的秘诀都在于创造优势、掌握主动。

集中和分散

集中和分散是将领运用军队的两种基本方式，从理论上，孙子讲的“形”、“势”、“奇”、“正”、“虚”、“实”等范畴都是通过集中和分散来体现的。孙子主张调动敌人而不被敌人调动，主要目的也是要造成敌人的分散和自己的集中。在战场特定的时间和地点，以集中对分散，就形成了相对优势。

如果两支军队的作战人数一样，那么，在决战的时间和地点，我方兵力越集中，敌人兵力越分散，我方的优势就越大，获胜的几率也就越大。这是一个简单的数学问题，用孙了的话说就

胡汉战争（汉画像石）

是，我如果是一份，敌人却被我用各种手段分散成了十份，我方发起进攻，就是以十倍于敌的兵力打击敌人，如此众寡悬殊，安能不胜？

集中和分散就像是魔术师手中的魔术棒，巧用它们，可以演绎出无数令人称奇的战争场面。实力高于敌人能获胜，与敌人旗鼓相当能获胜，纵然实力远不及敌人也能获胜。历史上有很多以少胜多、以弱胜强的战例，就是因为将领善于创造和运用以集中对分散的局部优势。

粟裕集中优势兵力以少胜多

粟裕像

在中国人民解放战争中，1946 年，国民党军以 12 万人夹攻粟裕率领的解放军 3 万人，兵力对比悬殊。粟裕抓住敌人战线长、兵力分散的弱点，制定了集中优势兵力各个歼灭敌人的方针。首战以 12 个团歼敌 2 个团，继而远途奔袭，以 4 倍于敌的兵力击败敌第 49 师主力。

之后的几场战役，也都以优势兵力各个歼敌，其中一场战役投入的兵力甚至是敌人的 6 倍。在一个半月时间内，粟裕指挥的军队七战七捷，歼敌 5.3 万人。

孙子对集中和分散问题的深刻洞察揭示了战争指挥艺术的真谛。在人类历史上，无数军事家都对这一问题发表过卓越的见解。克劳塞维茨在《战争论》中指出，“数量上的优势不论在战术上还是在战略上都是最普遍的制胜因素”。数量优势可分为绝对优势和相对优势，绝对优势往往是既定的，将领在战场上能做的更多是创造相对优势。他把集中优势兵力分为“空间上的兵力集中”和“时间上的兵力集中”，所谓“空间上的兵力集中”就是要在主要方向和决定性地点上，巧妙地集中尽可能多的优势兵力；所谓“时间上的兵力集中”，就是要在关键的有决定意义的时机，同时集中使用全部兵力[1]。

中国伟大军事家毛泽东曾经说过：“我们的战略是‘以一当十’，我们的战术是‘以十当一’，这是我们制胜敌人的根本法则之一。”“无论在反攻或进攻，我们总是集结大力打敌一部。”[2] 与克劳塞维茨相比，他不强调在战略上占有数量优势，这是由他所领导的中国人民解放军力量相对弱小的现实决定的。正因为如此，

---

[1] ［德］参见克劳塞维茨著，中国人民解放军军事科学院译《战争论》，中国 · 北京：解放军出版社，2005 年版，第一卷第三篇第八章“数量上的优势”，第十一章“空间上的兵力集中”，第十二章“时间上的兵力集中”等。

[2] 中共中央文献研究室编《毛泽东军事文集》，中国 · 北京：军事科学出版社、中央文献出版社，1993 年版，第 1 卷，第 746 页。

他更强调在战术上集中优势兵力，积小胜为大胜，积战役之胜为战略之胜。

避实击虚

唐太宗像

何为“实”？何为“虚”？简单地说，“实”就是多而强大，“虚”就是少而弱小。但在孙子的思想体系中，实与虚的含义要广泛得多，大凡与战斗力相关的各种因素，例如兵力的众寡、强弱、分合，部署的疏密、坚瑕，部队的劳逸、饥饱、治乱、懈备，兵势的锐钝，士气的高低，心理的勇怯，行迹的真伪，处境的安危，地形的险易，等等，统统可以纳入虚实之列。《孙子兵法》中的一些重要范畴，如“奇正”、“形”、“势”等也有与“虚实”密切相关，一切军事行动的目的都在于造成己实敌虚的状况，并进而避实而击虚。正如中国历史上一位著名的皇帝唐太宗李世民总结的那样：“在兵书中，没有一本超出《孙子兵法》；在《孙子兵法》十三篇中，没有一篇脱离虚实。用兵作战，如能懂得虚实的道理，就会无往而不胜。”[1]

在本篇中，孙子以“水”喻“兵”，他说，用兵就像流水一

[1] 《唐太宗李卫公问对》卷中。

样，水的特性是“避高而趋下”，用兵的法则是“避实而击虚”。水往低处流是尽人皆知的自然法则，用兵“避实击虚”也是毋庸置疑的铁律。“避实而击虚”就是“以碫投卵”，以集中对分散，以众击寡，以优势对劣势。

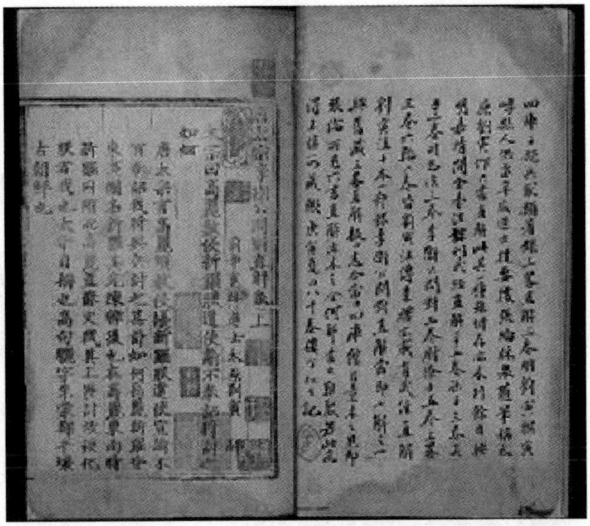

《唐李问对》书影

要成功做到避实击虚，首先是主攻方向的选择问题，不是堂堂之阵地与敌人的主力决战，而是寻找敌人要害或薄弱的地方出击。正如我们前面讲的“围魏救赵”，既是调动敌人，也是避实击虚。但在一般情况下，虚实不仅仅是个选择问题，而且是要运用各种方法去造成敌人的“虚”和自己的“实”，这就是上文讲的佯动、战术侦察等等调动敌人的方法。

避实击虚是作战指导的一般规律，大到战略运筹，小到战役战术，这一原则都适用。这一思想的本质，就是要造成战场上双方力量的不对称性，以优势对劣势。这与西方军事家强调的集中兵力有相似之处，但更多地体现了东方文化的思维特点。因为虚实体现的不仅仅是数量关系，还与士气、心理、态势乃至地势等息息相关。

曹操避实击虚火烧敌粮

曹操像

公元3世纪前后，中国的东汉帝国分崩瓦解，各诸侯相互攻伐。曹操和袁绍是当时中国北方最强大的两个军阀。从占有的地盘和兵力上讲，袁绍占有优势。公元200年，曹操与袁绍在官渡打了一场决定双方前途命运的重要战役，曹操运用避实击虚、出奇制胜的策略，最终取得了胜利。

在这次战役中，袁绍以10万大军发起进攻，曹操率军据守官渡，兵力远少于袁绍。经过两个月激战，双方互有胜负，曹军士卒疲惫，粮草殆尽。曹操感到难以支撑，一度想要撤退。他的一位谋士指出，目前是双方对峙的关键的时期，无论谁先撤兵，都将陷入全面崩溃。我方虽然出现困难，袁军也消耗严重，弱点逐渐暴露了出来。现在要做的不是撤兵，而是寻找对方弱点，避实击虚，出奇制胜。曹操采纳了他的建议，决定继续坚守，寻机破敌。

恰在这时，袁绍手下的一位谋士因对袁绍不满投降了曹操。

他向曹操提供了一个重要情报，说袁军1万多辆运送粮草的辎重车正屯聚在袁绍大营以北40里处的乌巢，而且戒备不严。曹操听到这一消息，立刻亲自率领精兵5000，绕开袁军的正面防线，乘夜色潜入敌后，假冒袁军的旗号，由小路奔袭乌巢。在袁绍增援骑兵到来之前，打败了押运粮草的袁军，一把大火烧光了袁军的粮草。

乌巢粮草被烧，袁军军心大乱。曹操乘势反攻，袁绍只带着800骑兵逃脱，其余全部被曹军俘获。此战之后，袁绍一蹶不振，曹操势力迅速扩张，很快统一了中国北方。

根据敌人变化而变化

中国有句古老的成语，叫做“胶柱鼓瑟”，意思是说，把乐器调节音高的装置固定住，然后再去弹奏乐曲。这样的弹奏当然是不能变换曲调的。同样，如果用这样的方式指挥战争，也注定是要战败的。战场形势受到多种因素的影响，随时都在发生变化，变化是战争的主旋律。所以孙子说，用兵打仗没有固定的战场态势，需要根据敌情变化采取相应的战法。这是孙子的又一光辉论断。

孙子高度重视对手，他一再强调，要了解敌人的情况，观察敌人的动向，然后才能造成敌人的失误，攻击敌人的弱点。总之，一切行动都要以敌人为中心，以形势的变化为中心。

宋太宗赵光义像

在战争史上，偏偏有些人忽略对敌人和战场实际情况的研究，导致惨痛的失败。归纳起来，大致有两种情况。

第一种情况是君主越级指挥，阻碍了将领临机应变。将领需要具有临机指挥权，这是一个基本常识，古今中外，概莫能外。孙子在《谋攻篇》中曾经说过："如果将领有才能，君主又不过分控制他，这样的军队一定能胜利。"但是，出于对将领掌握重兵的疑忌，或者是对将领能力的不信任，有些专制君主往往对将领严加控驭，甚至侵夺将领的临机指挥权。例如，在距今约一千年前的中国北宋时期，有一位宋太宗皇帝，每逢将领出征，他不但要制定总体作战方针，还要将事先绘制好的阵图赐予将领，让他们临战之时按阵图排兵布阵。这就相当于给将领套上了枷锁，拒不服从吧，会落得个欺君罔上的罪名；服从吧，以一纸成规应对瞬息万变的战争形势，焉能不败！

第二种情况是将领只知墨守兵法，不能灵活应用。兵法源于战争，是对战争实践经验的提炼和总结。但是，并不是说将领懂得了兵法就能用兵如神。兵法讲的是一定之规，如何应用却千差万别。优秀的将领善于根据战场变化灵活应用甚至创新发展，无能的将领即便对兵法倒背如流，也免不了丧师殒命。在中国历史上，赵括“纸上谈兵”的故事就是一个非常典型的例子。

赵括纸上谈兵

赵括生活在公元前3世纪的中国战国时期。他的父亲叫赵奢，是赵国的名将。赵括自幼聪颖，受父亲的影响，他很喜欢军事，阅读了很多兵书。他与父亲谈论军事问题，往往援引兵书，滔滔不绝，父亲提的问题根本难不倒他。但是，作为一位身经百战的老将，赵奢并不认为儿子这样是好事。他说：“战争事关生死，赵括却它把说得很简单容易。赵国不用他为将则已，一旦用他，必然失败。”后来，秦国与赵国交战，赵王以赵括为将，果然大败，他率领的40万军队全部被消灭，他自己也送了命。赵括之所以失败，就是因为他只是教条性地理解兵法，却不能根据战场情况灵活应用。

纸上谈兵

孙子告诉了我们一个很深刻的道理：战争进程是不断变化的，我们可以掌握战争规律，却不能求得以不变应万变的法宝，只有顺应变化，以变制变，才能驾驭战争。

第七篇 《军争篇》

提要：本篇主要讲军队在运动中抢占先机的原则和方法，其中最主要的是处理好“迂”和“直”、“患”和“利”的矛盾。同时还要遵循一些趋利避害的基本原则，并根据战场情况灵活制敌。

【原文】

孙子曰：凡用兵之法，将受命于君，合军聚众，交和而舍，莫难于军争。军争之难者，以迂为直，以患为利。故迂其途，而诱之以利，后人发，先人至，此知迂直之计者也。

故军争为利，军争为危。举军而争利，则不及；委军而争利，则辎重捐。是故卷甲而趋，日夜不处，倍道兼行，百里而争利，则擒三将军，劲者先，疲者后，其法十一而至；五十里而争利，则蹶上将军，其法半至；三十里而争利，则三分之二至。是故军无辎重则亡，无粮食则亡，无委积则亡。

故不知诸侯之谋者，不能豫交；不知山林、险阻、沮泽之形者，不能行军；不用乡导者，不能得地利。

故兵以诈立，以利动，以分合为变者也。

故其疾如风，其徐如林，侵掠如火，不动如山，难知如阴，动如雷震。

掠乡分众，廓地分利，悬权而动。

先知迂直之计者胜，此军争之法也。

《军政》曰："言不相闻，故为金鼓；视不相见，故为旌旗。"夫金鼓旌旗者，所以一人之耳目也。人既专一，则勇者不得独进，怯者不得独退，此用众之法也。故夜战多火鼓，昼战多旌旗，所以变人之耳目也。

故三军可夺气，将军可夺心。是故朝气锐，昼气惰，暮气归。故善用兵者，避其锐气，击其惰归，此治气者也。以治待乱，以静待哗，此治心者也。以近待远，以佚待劳，以饱待饥，此治力者也。无邀正正之旗，勿击堂堂之陈，此治变者也。

故用兵之法，高陵勿向，背丘勿逆，佯北勿从，锐卒勿攻，饵兵勿食，归师勿遏，围师必阙，穷寇勿迫，此用兵之法也。

【白话今译】

孙子说：按照用兵的一般规律，从将帅接受国君的命令，到组织军队，与敌对垒，没有比与敌方争夺先机之利更难的事了。争夺先机之利的难点在于，如何把迂远转化为直近，把不利转化为有利。所以，选择迂远的道路并以小利诱惑敌人，就会比敌人后出发而先到达，这就是懂得迂直转化的方法了。

所以，争夺先机之利既有有利的一面，也有危险的一面。如果军队携带辎重去争夺先机，就可能失去先机；如果丢弃辎重去争夺先机，就会损失辎重。所以，卷起铠甲，急速行进，日夜兼程，到百里以外去争利，三军将领就可能成为敌方的俘虏，健壮的士卒先到，疲弱的士卒后到，只有十分之一的人能如期赶到目的地。如果强行军五十里路去争利，先头部队的将领就可能会损折，只有一半的人员能够按时到达。如果强行军三十里去争利，大约有三分之二的人员能够按时赶到。军队没有辎重就会败亡，没有粮食就会败亡，没有物资储备就会败亡。

不了解各诸侯国的意图，不能预先结交；不熟悉山林、险阻、沼泽等地形，不能行军；不利用向导，不能获得地形的便利。

用兵打仗以诡诈多变取胜，根据利益决定己方的行动，通过兵力的分配和部署实现变化的战法。

所以，军队的行动要迅疾如狂风，缓慢如森林，攻击如烈火，防守如山岳，隐蔽如阴云，行动如雷霆。

抢掠乡邑，分配俘获的民众；扩展土地，分配缴获的物产；权衡利害得失，相机而动。

率先掌握了迂直转化关系的将领能取胜，这就是军争的要诀。

《军政》说：“听不到言语，所以使用金鼓；看不见动作，所以使用旌旗。”金鼓和旌旗都是用来统一全军行动的。全军行动整齐划一，那么勇敢的士卒就不会单独冒进，怯懦的士卒也不敢单独后退。这就是指挥大部队作战的方法。所以，夜间作战多用火光和战鼓，白天作战多用旌旗，这是根据人的视听特点而变换指挥工具的做法。

所以，三军的士气可以挫伤，将领的意志可以动摇。军队在作战初期士气旺盛，此后就会懈怠，到了最后阶段就衰竭了。所以善于用兵的人，避开士气旺盛之敌，打击士气懈怠、衰竭之敌，这是掌握和利用军队士气变化的方法。以我军的严整来对付敌军的混乱，以我军的镇静来对付敌军的喧哗，这是掌握和利用军队心理变化的方法。以先处战地之利对付远道而来之敌，以良好休整的状态对付疲于奔命之敌，以饱食之师对付饥饿之敌，这是掌握和利用军队体力变化的方法。不邀击严整的敌人，不攻击强盛的军阵，这是掌握和利用权变的方法。

用兵的一般法则：敌人占据高地，不要仰攻；敌人背靠山丘，不要迎击；敌人佯装败逃，不要追击；敌人士卒精锐，不要攻打；敌人用小部队引诱，不要上当；敌人返回其国土，不要阻截；包围敌人要虚留缺口；敌人陷入绝境，不要过于逼迫。这是用兵的一般法则。

【术语解释】

军争：中国古代重要军事术语。指战争中争取先机之利，如先敌占领有利地形，先敌展开，先敌结交盟友，先敌发起攻击，等等。

【思想要点】

奇妙的直线和曲线

利德尔·哈特像

在数学中，有一个公理："两点之间，直线最短。"这是任何一个稍有数学知识的人都知道的。而在军事上，问题却不那么简单。从此地到达彼地，直线距离一定短于曲线距离，但是，走直线的人就一定能先到达吗？未必。英国军事家利德尔·哈特提出了著名的"间接路线战略"，他说："在战略上，最漫长的迂回道路，常常又是达到目的的最短途径。"不仅如此，利德尔·哈特甚至声称："间接路线的方法，还可以有更加广泛的应用范围。在生活的所有领域之内，这种间接法可算是一条定律，也是哲学上的一个真理。"[1] 也许很多人不知道，利德尔·哈特的这一理论正是受到了孙子的深刻影响。利德尔·哈特非常推崇孙子，认为《孙子兵法》是世界上最古老也是最伟大的军事著作。在他的名著《战略论》的前面，选录了19条世界著名军事家的语录，其中第1—13条都取自《孙子兵法》。如果将《孙子兵法》与利德尔·哈特的《战略论》比读，你会发现，这两本书在思想观点

[1] 【英】利德尔·哈特著，中国人民解放军军事科学院译《战略论（间接路线战略）·前言》，中国·北京：战士出版社，1981年版，第5页。

上有很多惊人的相似之处。

孙子在这一篇中主要论述的，正是关于迂远与捷近的问题。孙子指出，两军争利，有两大难点：第一个是如何把迂远变为捷近；第二个是如何把祸患变为有利。这两个问题是相互关联的，它们的核心都是如何抢占先机。

猎骑带禽图

第一个难点实际上讲的是距离和时间的关系问题。距离更长，而所需时间更短，其中的决定因素就是速度。那么，这一难点就转化为：如何加快自己的速度，同时降低敌人的速度。在自己一方，可以选择敌人抵抗力最小、最容易走的路线，同时，行动要迅速。对于敌人一方，要想方设法设置障碍，或者让他偏离既定路线，或者延缓他的行动。在这个问题上，我们上文中讨论过的调动敌人而不被敌人调动的一切手段都可用。

第二个难点实际上讲的是速度、辎重和效能之间的矛盾。行军携带过多的辎重，势必减缓速度；不携带辎重，又无法持久。军队急行军，昼夜兼程，强度越大，掉队的人越多，再加上行军过程中的力量消耗，即使先于敌人到达作战地点，也不能确保战胜。因此，必须平衡辎重、速度与效能之间的关系，把危险降到最低，使利益最大化。

此外，要在军争中确保胜利，还要兼顾几个方面：一是要了解相关各方的意图，分辨是敌是友；二是要了解沿途的地形；三是要找到熟悉当地情况的可靠向导。

孙子关于军争的论述充满了思辨性，他认为，迂远和捷近、祸患和利益在一定条件下是可以相互转化的。如果一个指挥官善于把迂远变为捷近，把祸患变为有利，就真正打开了通往胜利的大门。

世界历史上许多战例都表明，有时候走直接的路径，往往充满了风险，很可能欲速而不达；而经由间接的道路，看似迂远费事，却能顺利达成目的。

曹操北征乌桓

公元3世纪初，中国处于东汉王朝解体时期，各大军阀拥兵自立，纷纷扩张势力范围。在中国北方，曹操最具统一中国的实力。为了解除南下实施统一战争的后患，他率领军队，向东北部的一个部族——乌桓发起了进攻。谁知，通往乌桓的道路崎岖难行，再加上风雨交加，进军很不顺利。

这时，曹操的一位谋士建议说："兵贵神速。我们现在远行千里去攻击敌人，辎重太多就无法快速前进，不如放弃部分辎重，寻找其他道路，轻装前进，乘敌不备发起进攻。不过，关键是要

曹操北征乌桓

找到一个了解当地地形的好向导。”

曹操听从了这位谋士的建议。通过别人推荐，他找到了一位对当地历史、地理非常熟悉的向导。向导告诉他说，在通往乌桓的这条要道外，还有另外一条鲜为人知的路，道路主体已经崩坏两百多年，但还有一条小路可以通行。曹操听后大喜。他命令部队佯装撤军，在路边竖了一块大木牌，上面写道：“现在是酷暑时节，道路不通，等到秋天，再来进军。”乌桓军队得到这一情报，信以为真，放松了戒备。与此同时，曹操率领大军，在向导的引领下，沿着那条废弃的道路轻装急行，直奔乌桓的大本营。当他们离乌桓大本营还有两百里时，乌桓军才意识到大兵临境，慌忙抵抗，结果被曹军打得大败。

如果我们从更宽泛的意义上理解远与近的问题，它就不局限于时间与距离，而是手段与目的之间的关系了。以直接的手段与敌人对抗好？还是以各种策略间接地取得优势更好？一般情况下，间接手段付出的代价更小，效果更好。这正是利德尔·哈特所洞彻的“间接路线”方法。事实上，不仅仅是利德尔·哈特认识到了这一点，很多军事家都对孙子的这一观点有深刻的认同。毛泽东在他著名的《中国革命战争的战略问题》一文中就指出："为了进攻而防御，为了前进而后退，为了向正面而向侧面，为了走直路而走弯路，是许多事物在发展过程中所不可避免的现象，何况军事行动。"为了达到目的，要采取看似与目的完全相反的手段，这是多么奇妙的对立统一啊。

利益是战争的根本目标

战争的起因是什么？战争的目的又是什么？孙子给出了明确的答案——利益。孙子认为，在一切军事行动中，必须围绕是否有利来考虑问题，有利就行动，不利就停止。这是战争行为的必然要求，也是任何将帅必须遵循的基本原则。

孙子重利，但并不意味着唯利是图。利有大利与小利之分，很多情况下，为了谋取大利，必须放弃小利。利也有远利和近利之分，为了长远的利益，可以放弃暂时的利益。利也有全局和局部之分，为了全局的利益，有时必须放弃局部的利益。利还有潜在和显在之分，为了潜在的利益，就不能过于计较显在的利益。利更有敌人作为诱饵的利和真正的利之分，在下一篇《九变篇》中，

骑兵（汉画像石）

孙子说："有的道路可以不走，有的敌人可以不打，有的城邑可以不攻，有的地方可以不争，甚至君主的命令也可以不接受"，之所以如此，就是要准确判断利的性质，舍小利求大利。

孙子又说道：军争是为了利益，但同时，军争也是危险的。利和害总是相伴而生，利益越大，危险也就越大。优秀的将帅必须综合考虑利害两个方面，想尽一切办法化害为利、趋利避害。

孙子把"利"作为战争的目标和原始驱动力，深刻揭示了战争的本质特点，但是，在中国传统儒家文化的背景下，他的利益论也如同他的诡诈论一样，遭到了持久而强烈的批驳。儒家的基本观点是把"义"与"利"对立起来，重义而轻利。儒家创始人孔子认为，品行高尚的君子应该以"义"为行为准则，而一切逐利之人，无论以牟利为目的的商人还是主张争利的兵家，都是蝇营狗苟的小人。在漫长的中国封建时期，孙子对"利"的崇尚一直被儒家视为异端，口诛而笔伐。这也使得中国主流军事思想中缺少彻底的功利主义。

孔子像

事实上，我们仔细检讨这个问题，就会发现，孙子的"利"与儒家的"义"并不是截然对立的。儒家的"义"主要是政治和战略层面的，孙子的"利"主要是军事尤其是战术层面的。战争是政治的延续，政治目的决定了军事行动的正义与否，也在一定程度上影响军事行动的方式和手段。但另一方面，无论是正义还是非正义的战争，都以“争利”为目的。在一定条件下，“逐利”和“尚义”并不矛盾，“义”甚至可以是最大的“利”。

士气是决定战争胜负的重要因素

士气是军队精神力量的外在表现，它同军队的物质力量一样，都是战斗力的重要组成部分。中国古代军事理论中，对士气的重要性有丰富的论述，例如，比《孙子兵法》还早的《司马法》认为，战争的持久靠的是力量，最终的胜利靠的是士气。[1] 比《孙子兵法》晚两个多世纪的《吕氏春秋》认为，士气是决定士兵勇怯的关键[2]。在中国历史文献中，像这样的论述不胜枚举。西方军事学家也非常重视士气等精神力量的作用。如，克劳塞维茨指出，对于战争而言，物质力量不过是刀柄，精神力量才是那真正锋利的刀刃[3]。

士气看不见，摸不着，却又真实存在并无时无刻不在战争中发挥作用。谁了解了士气的奥秘，谁就能更轻易地取得胜利。孙子就是深刻洞察了士气玄机的人。他说，士气变化的规律是：早晨士气旺盛，白天士气懈怠，晚上士气衰竭。这就如同我们每个

---

[1] 《司马法·严位》。
[2] 《吕氏春秋·仲秋纪·决胜》。
[3] 【德】克劳塞维茨著，中国人民解放军军事科学院译《战争论》，中国·北京：解放军出版社，2005 年版，第一卷第三篇第四章，第 179 页。

楚汉相争（汉画像石）

人的作息，早上起来精力充沛，白天精力衰减，晚上身心疲惫。不过，需要说明的是，孙子所说的早晨、白天、晚上并不是确切的时间概念，而是军队行动的不同阶段。在行动开始时，士气一般较为旺盛；在行动进行中，士气逐渐消耗；在行动持续较长时间后，士气消耗殆尽。因此，孙子主张，避开敌人士气旺盛的时候，在敌人士气消沉的时候发起攻击。关于这一点，中国春秋时期齐国和鲁国之间的长勺之战堪称最好的注解。

曹刿论战

霍去病墓前的汉代石雕马踏匈奴

公元前684年，齐国进攻鲁国，双方战于长勺。齐人第一次击鼓进攻，鲁庄公准备迎战，他的谋士曹刿却说："不行。"齐人第二次击鼓进攻，曹刿仍然主张按兵不动。直到齐人击鼓三次，曹刿才说："现在可以出战了。"

于是，鲁军发动进攻，大败齐军。

鲁国虽然打了胜仗，鲁庄公却很疑惑，向曹刿询问获胜的原因。曹刿解释说："战争靠的是勇气。敌人第一次击鼓，振作了士气，第二次再击鼓，士气就衰减了，到了第三次，士气就衰竭了。敌人士气衰竭，而我方士气正饱满，自然会获胜。"

孙子对士气的讨论还不只在对敌作战方面，对于自己的军队中如何鼓舞士气，孙子也有很多精辟的观点，只是这些观点分散在各篇之中，没能引起人们足够的重视。例如，在《作战篇》中，孙子就说："军队英勇杀敌，依靠的是高涨的士气。"那么，如何鼓舞士气呢？总结孙子的思想，以下几点是十分重要的。

A. 创造优势。优势在一定程度上表现为气势。军队掌握了主动权，占据优势地位，军队的士气也会随之高涨。

B. 物质奖励。孙子认为，不要吝惜对士兵的赏赐，重赏之下，士兵才能舍生取利。

C. 精神引领。士兵要在思想上认同领导者，才会生发出自觉的斗志，出生入死，不顾危难。

（元代）四猎骑图

D. 情感感化。孙子强调将领要爱兵如

子，这样就会在将领和士兵之间建立起深厚的感情，使士兵乐于与将领同生共死。

E. 制造绝境。孙子认识到绝境对人的潜能的巨大激发作用，人在绝境中，为了求生，总会拼死一搏，有可能做到正常情况下不可能做到的事情。

F. 激怒部众。愤怒和仇恨可以使人失去理智，也可以使一支军队具有超凡的力量。善于激发和引导士兵的愤怒情绪，就会形成旺盛的士气。

田单巧计激发斗志

公元前3世纪，燕国和齐国之间发生了一场著名的战争。燕国大举进犯齐国，很快就攻占了齐国的大部分领土，齐国国君也被杀死，只剩下莒城和即墨两城没有被攻下。但是，就在燕军围攻即墨之时，却意外地遭遇了惨败。

燕国对莒城和即墨围攻了三年，但这两个城市的军民顽强抗击，一直没有被攻下。在即墨城中，一位叫田单的人被推举为将领，他为了挽救危局，花了很大功夫鼓舞民众的士气。他组建起了7000人的军队，自己身先士卒，带头构筑城防工事，甚至把自己的妻子、族人也编入军营参加守城。他的行为感动了城中居民，他们斗志昂扬，誓死为保卫自己的城市并光复齐国故土而战。

公元前279年，燕国的国君去世了。新即位的国君与在攻齐前线的大将乐毅有宿怨，他见乐毅花了三年时间都攻不下两个城市，更是不满。田单得知这一情况，立即派了间谍到燕国去，四处宣扬说:“乐毅是想借攻齐控制军队，寻找时机在齐国自立为王，所以故意放缓对莒城和即墨的进攻。如果燕国另派主将，这两座孤城指日可下。”燕王听说了这一传言，果然中计，委派无能的将领骑劫前去替代乐毅。乐毅被撤换，不仅使田单少了一个强劲的对手，而且使燕军将士愤愤不平，起到了瓦解燕军军心的作用。

田单火牛破敌图

骑劫到任后，一反乐毅的做法，改长久围困为强力攻城。田单为了进一步激励士气，就又四处散布谣言说:“齐军最害怕的是被捉住后割掉鼻子，还有就是怕自己在城外的祖坟被挖开。”愚蠢的骑劫一听，果然把齐军俘虏的鼻子割下来，又派人挖开齐人的祖坟，以为这样就会迫使齐军投降。不料城中居民看到燕军如此暴行，个个义愤填膺，纷纷要求同齐军决一死战。田单见时机成熟，乘机全线反攻，大败燕国围城军队，并乘胜收复了齐国被占领的七十多座城池，齐国成功复国。

作战的八条戒律

在这一篇中，孙子总结了带兵打仗的八条戒律。

A. 不要仰攻处于高处之敌。在古代战争中，军队占据了高地，就处于易守难攻的优势地位，正面仰攻势必付出重大的代价。因此，抢占制高点就成为两军争利的重点。

B. 不要迎击背靠丘陵之敌。背靠丘陵布阵，军队没有后患，且有居高之利，对这样的军队，不宜正面进攻。

甘肃武威雷台东汉墓出土骑兵

C. 不要追击假装败北之敌。假装逃跑是诱敌的重要手段，背后一定是预设的陷阱，如果知道敌人是假装逃跑，一定是不能追击的。但是，问题的关键在于如何识破敌人的“佯北”之计。这就需要将领善于观察和分析，作出准确的判断。

D. 不要进攻精锐之敌。与精锐之敌正面交锋，即使战胜也会付出沉重的代价，这完全不符合“避实击虚”的原则，也不符合“避其锐气，击其堕归”的原则。

E. 不要贪吃敌人的诱饵。敌人往往会派出零散的小股部队，引诱我进入敌人预设的埋伏圈。鱼食饵则被钓，兵食饵则致败，这是很显然的道理。

F. 不要阻遏返程的军队。

G. 包围敌人必须留下阙口。

壶关之战

在公元 3 世纪前后的东汉末年，中国出了一位著名的军事家，他的名字叫曹操，曹操对《孙子兵法》很有研究，曾经为《孙子兵法》作注。他在注解“包围敌人必须留下缺口”一句时说，孙子之所以主张这样，是为了给敌人留条生路，避免他们顽强抵抗。但是，在他自己的军事实践中，却在这个问题上犯过错误。

公元 206 年，曹操初步统一北方后，将矛头直指叛将高干。高干据守险要的壶关之地，与西面的各军阀互通声气，给曹操造成很大威胁。曹操对高干非常痛恨，在围攻壶关的时候，他下令说：“等把壶关攻下来，我要把城里所有的人都活埋掉。”此令

汉代楼船复原模型图

一出，原本难以攻打的壶关更成为坚城一座，接连打了几个月也打不下来。这时，他手下的一位大将对他说："兵法上说，围城之法，一定留下活门，暗示敌人还有生路。您现在告诉他们，一旦城破，必定会被杀死，他们当然要拼死固守。"曹操一听，恍然大悟，下令在围攻时留出一个缺口。果然，壶关很快就开城投降了。我们或许可以这样推测，当曹操为"围师必阙"一句作注的时候，说不定就包含着对壶关之战的无限感慨呢！

H. 对走投无路的敌人不要过分逼迫。

赵充国不迫穷寇

在公元前1世纪前后的中国西汉时期，有一位非常著名的将领，叫赵充国。赵充国不但精通骑射，而且深谙兵法。有一次，他奉命讨伐中国西北地区频繁作乱的羌族。他率军突至羌人驻地，羌人见汉朝大军来到，慌忙丢弃辎重，欲渡湟水逃跑。当地的地形艰险难行，正是快速追击的好机会。但赵充国却不急于追击，而是缓慢地

赵充国像

推进。他的手下的将领不禁提意见说："既然有利在前，我们不抓紧消灭他们，还这样慢吞吞地行军，这不是要坐失良机吗？"赵充国解释说："这些人是走投无路的穷寇，不能逼得太紧。如果我们紧逼，他们一定会狗急跳墙，反回头来跟我们拼命。相反，如果我们缓追，他们就忙着逃命，无心抵抗了。"果然，羌人仓惶渡河，溺水而死者数万人，汉军乘机进攻，轻而易举地大获全胜。

以上 F、G、H 三条依据的都是一般的人情之理。当人的强烈愿望受阻，或者被逼到绝境的时候，往往会激发出旺盛的斗志，做鱼死网破式的搏斗。避免把敌人逼到绝境，就是避免敌人的负隅顽抗，降低取胜的难度。孙子对这一点有深刻的认识，他在书中的很多地方都从不同方面表达了这样的观点，如上文中讲到的士气问题，如避实击虚原则，如他在后面几篇中反复强调的"死地则战"等等，都和人绝处求生的特性密切相关。

孙子提出的作战的八条戒律是冷兵器时代的用兵原则。随着时代的发展，战争环境和武器装备已经发生了巨大的变化，这些戒律中有一些已经不适应现代战争，但是，孙子对人的本性以及战争规律的深刻洞见仍然会给我们很多的启示。

第八篇 《九变篇》

提要：本篇讲了不同地理条件下的作战原则、灵活机动的作战指导思想、积极备战思想以及对将领素质的要求等。

【原文】

孙子曰：凡用兵之法，将受命于君，合军聚众，圮地无舍，衢地交合，绝地无留，围地则谋，死地则战。

涂有所不由，军有所不击，城有所不攻，地有所不争，君命有所不受。

故将通于九变之地利者，知用兵矣；将不通于九变之利者，虽知地形，不能得地之利矣；治兵不知九变之术，虽知五利，不能得人之用矣。

是故智者之虑，必杂于利害。杂于利，而务可信也；杂于害，而患可解也。

是故屈诸侯者以害，役诸侯者以业，趋诸侯者以利。

故用兵之法，无恃其不来，恃吾有以待也；无恃其不攻，恃吾有所不可攻也。

故将有五危：必死，可杀也；必生，可虏也；忿速，可侮也；廉洁，可辱也；爱民，可烦也。凡此五者，将之过也，用兵之灾也。覆军杀将，必以五危，不可不察也。

【白话今译】

孙子说：凡用兵的方法，将帅接受了国君的命令，组织军队，在难于通行的圮地不可设营，在四通八达的衢地要结交邻国，在难于生存的绝地不要停留，在四面受敌的围地要运用奇谋，在进退两难的死地要奋勇决战。

有的道路不要通过，有的敌人不要攻击，有的城邑不要攻占，有的地方不要争夺，有的君主命令不要执行。

所以，将帅如果能通晓各种机变的运用，就懂得如何用兵作战；将帅如果不能通晓各种机变的运用，即使了解地形，也不能获取地形之利；指挥军队作战而不知道各种机变的方法，即使知道“五利”，也不能充分发挥军队将士的作用。

因此，明智的将帅考虑问题，必须充分兼顾到利与害两个方面。兼顾到有利的因素，目标才会达成；兼顾到不利的因素，祸患才能解除。

因此，要用不利之事迫使诸侯屈服，用重大之事役使诸侯烦劳不宁，用利益诱使诸侯归附。

所以，用兵的法则是，不要寄希望于敌人不来犯，而要依靠自己做好充分的准备；不要寄希望于敌人不进攻，而要依靠自己具备使敌人不敢进攻的实力。

所以，将帅有五种致命的弱点：一味死拼，就可能被杀；贪生怕死，就可能被俘；急躁易怒，就可能受敌欺侮而妄动；廉洁自爱，就可能受敌污辱而失去理智；溺于爱民，就可能被敌烦扰而陷于被动。以上五点，都是将帅容易犯的过错，也是用兵的大忌。使全军覆灭，将帅被杀，都是由这五种致命的弱点所引起的，不可不深思。

【术语解释】

九变：在中国古代汉语中，“九”往往并非确切的数字，而是泛指很多。九变就是指各种随机应变的情况。

【思想要点】

唯一不变的就是变

孙子这一篇的篇名叫“九变”。关于“九变”的具体所指，自古以来就是一个聚讼纷纭的问题，至今仍然没有确切的解释。不过，我们也完全可以抛开种种纷争不谈，因为，孙子思想的主

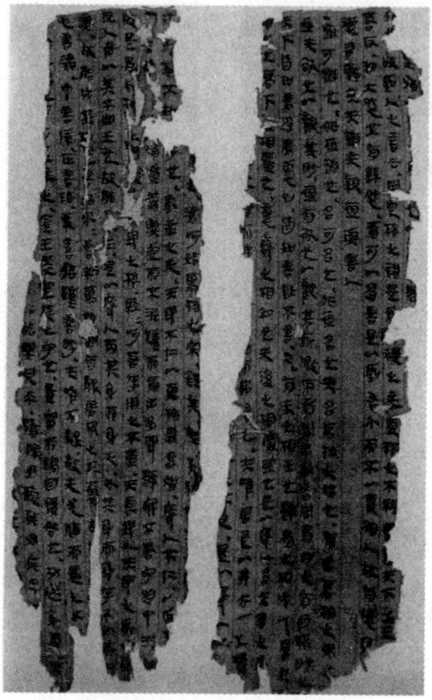
马王堆汉墓中出土的帛书《道德经》

旨不在于“九”，而在于“变”，只要抓住“变”这个中心，就抓住了孙子思想的实质。

战争的特点就在于“变”，战争难以驾驭的原因也在于“变”。在错综复杂的战场形势中，有些应变之法是有规律可循的，如本篇中孙子讲到的各种地形条件下的用兵之法，又如上篇中提到的作战的八条戒律等等。但是，在更多的情况下，作战方法需要根据战场形势的变化而变化，甚至于违反常法反而会取得胜利。

孙子列举了几种情况，即“有的道路可以不走，有的敌人可以不打，有的城邑可以不攻，有的地方可以不争，甚至君主的命令也可以不接受”。依照战争逐利的常理，“途”、“军”、“城”、“地”都是利益所在，到底在什么情况下要改变常法呢？这其中的关键就是权衡利害。孙子是一个哲人，他对事物的矛盾性有深刻的洞察。他认为，一个智慧的将领在思考问题的时候，一定要兼顾利害两个方面；考虑到“利”，可以使自己的意图得以实现；考虑到“害”，可以纾解祸患。只有正确权衡利害，才能真正超越一城一地的得失，赢取最终的胜利。关于“利”的问题，我们在《军争篇》中已经有较充分的阐述,但在《军争篇》中,重点强调“利”是军队进止的前提,这里要强调的则是,“利”是战法变化的基础。

总之,所谓“变”,就是不拘泥于用兵常法,而是从全局出发,从具体敌情出发,从战场实际出发,对各种条件下的用兵之法灵活变通。这种变化的方法,是将领军事指挥水平的体现,完全要靠将领个人对于兵法的领悟和运用。

靠敌人不如靠自己

关于战争准备的问题,我们在《形篇》中已经做了论述。孙子在这一篇中讲到:“用兵的法则是,不要寄希望于敌人不来犯,而要依靠自己做好充分的准备;不要寄希望于敌人不进攻,而要依靠自己具备敌人不敢进攻的实力。”这同样是在讲战争准备问题。在此,我们重新提出这个问题,是想从文化角度对这一思想加以探讨。

马克思主义认为,任何事物的发展变化都受内因、外因的双重影响,其中内因是主要的,外因是次要的。反观中国传统文化,我们会发现,

武侯高卧图

马克思主义的这一理论与中国古人的思想高度一致。古人很早就认识到，内、外是事物的两个方面，内是外的基础，是更为重要、更为主动的因素。孔子曾教育他的弟子说："不怕别人不了解自己，就怕自己没有真本事"[1]。个人修养如此，经营家庭、治理国家也是同样的道理。在内与外的选择上，中国人总是认为，内部的安全与强大是根本，是事物发展的决定性因素。

孙子讲的敌我关系也是一种内外关系，敌人是否进攻是外部因素，取决于敌人；我是否有所准备是内部因素，取决于自己。只有自己做好了充分准备，才能真正不怕战争、赢得战争。中国古人常常以此作为指导战争乃至国防建设的基本原则。历史实践证明，战备整饬则有备无患，战备废弛则祸起无端。

明代抗倭战争中的备与不备

戚继光像

15—16世纪，中国处于明朝统治时期。在此以前，中国面临的安全威胁主要来自陆地，北部、西部和南部的游牧和渔猎民族是中原农耕民族的主要敌人。但从明朝初年开始，中国东部海洋方向出现了新的敌人——来自日本的海盗。日本海盗侵犯中国海疆出现了两次高潮，

[1]《论语·宪问》

第一次在明初，当时日本正值南北朝争立，一些战争中失意的武士、浪人组成了海盗集团，频繁劫掠中国沿海地区。第二次在明中期，日本进入战国时代，日本各诸侯为了掠夺财富，纷纷支持海盗侵犯中国沿海，再加上明代实行了禁止海上贸易的错误政策，致使一些海上武装走私力量与日本海盗勾结，海盗日益猖獗。

在日本海盗第一次犯边高潮中，明太祖朱元璋加强了海防建设，设立了水寨、增强了海军，构建了陆地步兵与海军战舰协同的防御体系。因此,仅用了几年时间,海盗的势头就被打压了下去。而在日本海盗第二次犯边高潮中，随着整个国家机器的腐败，军备日渐废弛，明初所建水寨多已废弃，战舰十无一二，海军的训练和巡逻也形同虚设。这种状况愈发助长了海盗的嚣张气焰，使中国东南沿海遭到严重蹂躏，有的地区甚至在一年之内受到海盗几十次的袭扰。后来，经过近二十年的努力，明朝军民才最终打败了日本海盗。两相对比，内部的强大与虚弱产生的结果就一目了然了。

将领的五个致命缺点

孙子非常重视将领的重要性。他说，将领是国家的栋梁，将领能力的强弱直接关系到士兵的生死、战争的胜负乃至国家的存亡。整个一部《孙子兵法》，其实就是指导将领如何带兵打仗的教科书。

孙子对将领的品格提出了很高的要求，一个优秀的将领应该具备智慧、诚信、仁慈、勇敢、威严等品质，他必须以君主和百姓的利益为重，要勇于坚持正确的做法，哪怕因此获罪也在所不惜。孙子对将领的这些要求看起来有点儿像一个道德主义者的苛求，但事实上，这些要求绝不仅仅针对将领的私德，它们与战争的胜负有着十分密切的关系。在这一篇中，孙子列举了将领五种危险的性格特点或情绪状态，从反面论证了将领对战争的重要影响。

危险之一：抱有必死之心。将领不怕死，这是勇敢的体现，“勇”是将之五德之一，是成为一名优秀将领的基本素质。但是，如果将领不谋求变通之策，一味死拼，那他很可能会被杀死。对他个人来讲，也许会获得英勇的美名，但对整个军队却会造成严重的损失。

危险之二：贪生怕死。将领求生的欲望过于强烈，就会在指挥上瞻前顾后、犹疑不决，更不会在战斗中身先士卒、全力以赴，这样的将领很容易被俘虏。

危险之三：急躁易怒。对于这样的将领，敌人会设法激怒他，使他丧失对形势的正确判断，从而做出错误的举动。

曹咎因怒致败

秦朝末年，楚王项羽和汉王刘邦争夺天下。公元前204年，双方在河南成皋一带展开激烈的对决。这时，刘邦手下的一支军队频繁截断项军粮道，给项军造成很大困扰。项羽决定亲自率军攻打，派大将曹咎留守成皋前线。出兵前，项羽嘱咐曹咎说："你好好守住成皋，别让汉军东进。如果汉军挑战，千万不要应战，只要你坚持上十五天，我一定会成功返回。"曹咎是一员猛将，但性格暴烈如火。开始两天，汉军多次挑战，曹咎还能坚守不出。汉军在城外用稻草扎了很多草人、草狗、草猪，分别写上项羽、曹咎等人的名字，一面骂他们胆小怕死，一面用刀剑向这些草偶乱砍。曹咎见状，怒不可遏，马上率兵出城。他刚一出城，事先埋伏好的汉军就冲入了成皋城，曹咎军队被打败，他自己也自杀身亡。

清人绘项羽像

危险之四：廉洁。"廉洁"听起来是一种好品质，这样的将领对自己的"清名"高度重视，不容许有丝毫的玷污。就是这样一个优点，也可能成为对手攻击的弱点。

吴起因爱惜名誉而被陷害

吴起是中国古代一位著名军事家，他生活的时代比孙子略晚，人们往往以孙吴并称。吴起在魏国为将的时候，立下赫赫战功，

吴起像

颇得魏武侯器重，可是魏国的一个叫公叔仲的大臣却很讨厌他，一心想把他排挤走。于是，公叔仲利用吴起“节廉而喜名”的特点，设了一条计。他先是对魏武侯说：“吴起确实是贤能之人，但我们魏国是小国，又与强秦接壤，恐怕吴起没有久留之意。您要是想试试他，不妨将公主许配给他，他要是答应，就表示肯留下；要是不答应，一定是存着二心。”武侯觉得他说得很有道理，就同意了。这位公叔仲本身就是个驸马，他见武侯同意了他的建议，就请吴起到家里做客，故意让公主夫人当着吴起的面凌辱自己。不久，魏武侯果然提出要将一位公主下嫁吴起。吴起联想到公孙仲夫人那副刁蛮的样子，心想，如果娶了这样的公主，自己岂不是要落个“惧内”的名声？他表示不愿娶公主。武侯一听，怀疑他有二心，就不再信任他了，吴起只好离开了魏国。这个事例虽属政坛斗争，但像吴起这样的名将都难逃一劫，足见孙子所言不虚。

危险之五：“爱民，可烦也。”“爱民如子”一向是对古代文官的赞誉之词。但是，对于将帅来说，“爱民”却会带来大麻烦。三国初年，刘备被曹操打败，退走江南。刘备一向以“爱民”著称，得到十多万老百姓的追随。带着这么多老老少少，加上他们的家当，每天只能走十多里路。部下建议他抛下百姓，他却不忍心。结果，当曹操大军追至之时，刘备不但保护不了百姓，连自己的妻儿也只好弃之不顾。这不就是“爱民”招致的大麻烦吗？

如果放在平常人身上，孙子讲的五点都算不上大的缺点，但在将领身上，它们却成了致命的缺点。这是为什么呢？原因可以从两个方面来分析：一方面是因为战争特有的严酷性，将领的任何一个缺点都会导致比平常严重的后果。另一方面是因为将领的这些特点太过突出。中国有句成语，叫“过犹不及”，一旦将领过分执着于死、生、忿速、廉洁、爱民之类，心智很容易被蒙蔽，从而丧失理性分析和正确决策的能力，“覆军杀将”的危险也便由此而生。

第九篇 《行军篇》

提要：本篇与下面的《地形篇》、《九地篇》是《孙子兵法》中专门论述军事地理问题的篇章。本篇主要论述军队在山地、江河、沼泽、平原等地区作战的要领和观察判断敌情的方法，提出了教育与管理并重的治军思想。

【原文】

孙子曰：凡处军、相敌：绝山依谷，视生处高，战隆无登，此处山之军也。绝水必远水；客绝水而来，勿迎之于水内，令半济而击之，利；欲战者，无附于水而迎客；视生处高，无迎水流，此处水上之军也。绝斥泽，惟亟去无留；若交军于斥泽之中，必依水草，而背众树，此处斥泽之军也。平陆处易，而右背高，前死后生，此处平陆之军也。凡此四军之利，黄帝之所以胜四帝也。

凡军好高而恶下，贵阳而贱阴，养生而处实，军无百疾，是谓必胜。丘陵堤防，必处其阳，而右背之。此兵之利，地之助也。

上雨，水沫至，欲涉者，待其定也。

凡地有绝涧、天井、天牢、天罗、天陷、天隙，必亟去之，勿近也。吾远之，敌近之；吾迎之，敌背之。

军行有险阻、潢井、葭苇、山林、蘙荟者，必谨复索之，此伏奸之所处也。

敌近而静者，恃其险也；远而挑战者，欲人之进也；其所居易者，利也。

众树动者，来也；众草多障者，疑也；鸟起者，伏也；兽骇者，覆也；尘高而锐者，车来也；卑而广者，徒来也；散而条达者，樵采也；少而往来者，营军也。辞卑而益备者，进也；辞强而进驱者，退也；轻车先出居其侧者，陈也；无约而请和者，谋也；奔走而陈兵车者，期也；半进半退者，诱也。

杖而立者，饥也；汲而先饮者，渴也；见利而不进者，劳也；鸟集者，虚也；夜呼者，恐也；军扰者，将不重也；旌旗动者，乱也；吏怒者，倦也；粟马肉食，军无悬缻，不返其舍者，穷寇也；谆谆翕翕，徐与人言者，失众也；数赏者，窘也；数罚者，困也；先暴而后畏其众者，不精之至也；来委谢者，欲休息也。兵怒而相迎，久而不合，又不相去，必谨察之。

兵非益多也，惟无武进，足以并力、料敌、取人而已。夫惟无虑而易敌者，必擒于人。

卒未亲附而罚之，则不服，不服则难用也。卒已亲附而罚不行，则不可用也。故令之以文，齐之以武，是谓必取。令素行以教其民，则民服；令不素行以教其民，则民不服。令素行者，与众相得也。

【白话今译】

孙子说：凡是处置军队和观察判断敌情，都应该注意：通过山地，要沿着有水草的溪谷行进；驻扎安营要选择高处和向阳的地方；不要去仰攻占据高地的敌人。这是在山地部署、驻扎军队的原则。横渡江河，一定要在远离江河的地方驻扎；敌人渡水来战，不要在江河中迎击，而要等敌军渡过一半时发动攻击，这样才有利；如果要与敌作战，不要紧靠水边迎击敌人；在江河地带驻扎，也要居高向阳，不要在敌人的下游驻扎。这是在江河地带部署军队的原则。通过沼泽地带，要迅速离开，不可逗留；如果在沼泽地带遭遇到敌军，那就必须靠近水源草地并背靠树林。这是在沼泽地带部署军队的原则。在平原地带要选择平坦之处驻军，侧翼要倚托高地，前低后高。这是在平原地带部署军队的原则。以上四种部署军队的原则带来的优势，是黄帝之所以能战胜炎帝、蚩尤等人的原因。

凡是驻军，应选择干燥的高地，避开潮湿的洼地，选择向阳的地方，避开背阴的地方，选择靠近水草丰茂、物资供应充足的地方，将士不生疾病，这样胜利就有了保证。在丘陵堤防地带，军队必须驻扎于向阳之地，并最好背靠高地。这些有利于用兵的措施，是利用地形为辅助条件的。

上游降雨，洪水冲来，要想涉水过河，应等待水流平稳后过。

凡是遇上两岸陡峭、水流其间的绝涧，四周高峻、中间低陷的天井，三面无路、易进难出的天牢，荆棘丛生、难于用武的天罗，低洼泥泞、车马难出的天陷，山涧狭长、坎坷深陷的天隙这六种地形，必须迅速离开，不要靠近。我军应远离这类地形，而让敌人去靠近它；我军应面向这类地形，而让敌人去背靠它。

行军中遇有险阻、水洼、芦苇、山林和草木丛密的地方，必须仔细地反复搜索，这是敌兵埋伏和奸细藏身的地方。

敌人向我逼近却保持安静，是依仗自己占据了险要地形；敌人离我很远却向我挑战，是想引诱我军前进；敌人在平坦之地驻扎或布阵，是因为可以采取有利的军事行动。

许多树木摇晃摆动，是敌人隐蔽前来；草丛中有许多障碍物，是敌人企图迷惑我；群鸟受惊飞起，是因为下面有伏兵；野兽受惊奔跑，是敌人大举来袭；尘土高扬而且笔直，是敌人的战车奔驰过来；尘土低而宽广，是敌人的步兵奔赴过来；尘土散乱飞扬，是敌人在砍运木柴；尘土稀少又反复往来，是敌人正在扎营。敌方的使者言语谦卑，部队却在抓紧战备，是准备进攻；敌方的使者措辞强硬，部队也摆出前进的姿态，是准备撤退；敌人轻车先出动并且部署在侧翼，是在布列阵势；敌人事先没有约定而前来议和，是另有阴谋；敌人急速奔跑并摆列军阵，是在约我决战；敌人半进半退，是企图引诱我军。

敌人倚着兵器站立，是饥饿的表现；打水的士兵自己先喝，是干渴的表现；见到好处而不来争夺，是疲劳的表现；敌方营寨上鸟雀群集，是敌营空虚的表现；敌人夜间惊叫，是军心恐慌的表现；敌营纷乱，是将领缺乏威严；敌阵军旗不整，是敌人队伍已经混乱；军吏容易发怒，是疲倦的表现；用粮食喂马，杀军马吃肉，收拾起炊具，部队不返回营舍，表明那是准备拼命突围的穷寇；敌将低声下气同部下讲话，表明他已失去拥戴；不断犒赏士卒，表明敌军处境艰难；不断惩罚部属，表明敌人陷于困境；对部下先粗暴后又畏惧，表明敌将愚蠢至极；敌军派人送来礼品谢罪，是想休兵停战；敌人气势汹汹出兵迎战，却迟迟不交锋，又不撤退，必须仔细地观察敌军动向。

兵力不是越多越好，只要不轻敌冒进，能够集中兵力、正确判明敌情、战胜敌人就可以了。那些没有深谋远虑而又轻敌妄动的人，必定会被敌人俘虏。

士卒还没有亲近依附就惩罚他们，他们会不服，不服就难以使用。士卒已经亲近依附，军纪却得不到执行，就不能使用他们。所以，要用政治道义教化士卒，用军纪军法规范士卒，这样就必定能够取得战争的胜利。法令平时能贯彻执行，士卒就会养成服从的习惯；法令平时不能贯彻执行，士卒就会养成不服从的习惯。法令平时能贯彻执行的，表明将帅与士卒相处融洽。

【术语解释】

处军：军队行军、驻扎、作战的处置方法。孙子论述了军队在山地、江河、斥泽、平原等一般地形和在绝涧、天井、天牢、天罗、天陷、天隙等特殊地形的处军原则，强调必须因地制宜，利用地形之利，避免地形之害，为战胜敌人创造条件。

相敌：指观察、判断敌情。孙子主张在战场上通过对战场环境和敌方异常变动的观察，分析敌方意图、状况和动向，为己方实施正确的战争指导提供情报支持。

【思想要点】

不同地形条件下行军、驻扎的方法

战争是在一定时空展开的，地理环境是战争指导者必须关注的一个重要问题。恩格斯说："迅速判定地形的一切利弊，根据地形特点迅速地配置自己的军队，成了对指挥官的主要要求之一。"[1] 中国古人十分重视地理，在中国最古老的文化典籍《易经》中，就注意到了地理与战争的关系，主张军队在驻营时选择有利的地形，作战时抢占制高点。孙子重视地理因素在战争中的地位和作用，把地理因素列为决定战争胜负的五个重要因素之一。他认为，地形是夺取战争胜利的辅助条件，战争指导者应当了解地形，善于利用地形。《孙子兵法》十三篇中，有三篇专门论述军事地理问题，其他篇中也有许多关于军事地理问题的重要论述。

[1] 【德】马克思、恩格斯著，中共中央马克思恩格斯列宁斯大林著作编译局译，《马克思恩格斯全集》，中国·北京：人民出版社，1982 年版，第 14 卷，第 39 页。

中国明朝（公元1368—1644年）有一位著名的地理学者叫顾祖禹（他著有《读史方舆纪要》一书，这本书是中国最杰出的军事地理著作），他认为历史上对军事地理问题的论述，没人能比得上孙子。

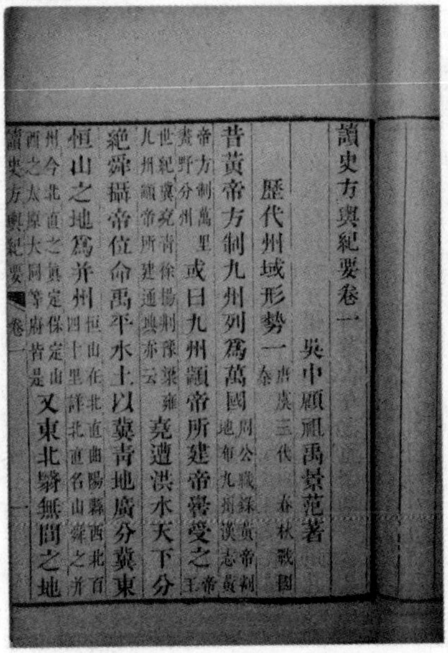
讀史方輿紀要卷一
吳中顧祖禹景范著
歷代州域形勢一 唐虞三代 春秋戰國 秦
昔黃帝方制九州列爲萬國 或曰九州顓帝所建帝嚳受之 堯遭洪水天下分
絕舜攝帝位命禹平水土以冀青地廣分冀東恆山之地爲并州 又東北醫無閭之地
讀史方輿紀要 卷一

《读史方舆纪要》书影

孙子把地形归纳为四类，即山地、江河、沼泽、平原，提出了军队在这四种地形中行军、驻扎的原则与方法。比如，孙子提出在山地作战，军队要沿着山谷行进，因为谷内道路好走，水草丰富，便于补充给养；驻扎要在视野开阔的高地，抢占制高点，便于观察敌情，保持警戒；当敌人已经占据高地，就不要勉强进攻，要设法迂回行进，或者诱敌离开高地再和他作战。又比如，孙子提出在江河作战，渡河前必须远离水流，避免背水作战，致使己方陷入无处可退的困境；敌人渡河来战，要等他们一半已上岸、一半还在水中时发起攻击；要在岸边高地驻军，不要在江河下流布阵，防止敌军顺流而下，或者决堤放水。孙子在列举了在山地、江河、沼泽、平原四种地形部署军队的原则之后，对利用地形的基本思想作了进一步总结和概括："要驻扎在高处、向阳的地方，避免低洼、背阴的地方，

马援聚米为山

使军队能保持良好的生存条件，便于获得充足的给养，减少各种疾病的发生。”疾病有时比敌人还可怕，它带来的非战斗减员，不但削弱部队战斗力，而且会挫伤军心和士气。拿破仑说："疾病是最危险的敌人"，“宁可让部队去从事流血最多的战斗，而不可让他们留在不卫生的环境中”。[1]

孙子特别提出战争指导者必须警惕的六种危险地形，遇到这些不利的地形，必须设法迅速离开。进军途中也要小心谨慎，遇有险隘阻隔，低洼积水，草木茂密的地方，这些都是敌人易于设伏和隐藏奸细的地方，要仔细搜索，防止落入敌人的陷阱。

孙子的这些论述体现了他重视地形、利用地形的作战指导思想。在不同的地形条件下，应采取不同的、与这些环境和条件相适应的处置措施。这些措施的核心思想是充分利用对我方有利的地形条件，尽量避免对我方不利的地形条件，让己方占据有利的地形，让敌方处于不利的地形之中，为夺取战争胜利创造条件。

[1] 转引自纽先钟著《西方战略思想史》，中国·南宁：广西师范大学出版社 2003 年版，第 201 页。

两千年前的《驻军图》

长沙马王堆汉墓《驻军图》

1973年冬至1974春，中国考古工作者在对中国南部湖南省长沙市东郊的马王堆西汉墓的发掘中，发现了描绘在古代丝织品上的《地形图》和《驻军图》。据专家考证，这是西汉早期的墓葬，距今有2100多年。这次考古发现的《驻军图》是现今世界上发现的最早的彩色军事地图。这幅《驻军图》展示了西汉时期长沙地区驻军的情况，图上用黑线绘出山脉，用蓝色描绘水系，部队驻地和军事工程用黑底套红勾框标出，框内标有部队名称；行军路线用红色虚线表示；城堡用红色三角形表示；居民地用黑色圆圈表示；守备区的分界线则用红色标示，部队的兵力部署、设防重点、防御方向、友军联系等都标示得一清二楚。从图上看，驻军营地大多选择布设在河谷地带内的制高点上，图的中央有一个三角形的城堡，可能是各支军队的总指挥部，它的位置正当几个河谷的交汇处，三面环水，一面靠山，便于观察和控制周围形势。《驻军图》很好地体现了两千年前中国古代军队驻军和利用地形进行防御的情况，和孙子所讲的驻军原则一脉相承。

观察判断敌情的方法

孙子认为，了解敌情是作出正确决策、夺取战争胜利的基本前提。孙子在本篇中提出了三十二种观察判断敌情的方法，这些方法大致可分两类：一类是通过观察战场环境中自然景象的变化来判断敌情。如草木摇动、群鸟飞起、野兽惊跑、尘土飞扬、众鸟群集，这些敌军周边环境的变化，可以用来推测敌军的活动情况。如，公元前 555 年的春秋时期，晋国和齐国这两个诸侯国在一个叫平阴的地方交战。晋国的大臣叔向对晋侯说："齐国城墙上有乌鸦停着，说明齐军可能逃走了。"第二天，晋军发现齐军果然逃跑了。另一类是通过观察敌方的异常现象，或敌方人员言谈举止来判断敌方的真实情况。如公元前 615 年，秦国攻打晋国，秦军久战不胜，决定撤退。为掩盖自己的意图，秦军在夜里派使者到晋军大营说："今天两国将士都没有打痛快，明天再战。"晋军中有一位叫臾骈的将军，看到秦军使者眼睛四处张望，声音失常，他据此判断：秦军嘴上说要再战，目的是欺骗对手，实际上想要逃走。事情的发展证明了臾骈的判断，秦军果然在当天夜里就撤兵了。

西方战争史上类似的战例也很多。古罗马军事家弗龙蒂努斯在其《谋略》一书中，记载了这样的战例：伊特鲁里亚战争期间，罗马执政官埃米柳斯·保卢斯正要将他的军队开到韦图洛尼亚附近的平原上去，忽然他发现远处有一大群鸟好似受到惊吓一般从森林中飞出来。他想，怎么会一下子飞出来这么多鸟，这些鸟一定是受了惊吓才飞出来的，据此推测，那里可能有敌人的伏兵。他派出几名侦察兵前去打探，结果发现果然有一万名波希人在那里等待着袭击罗马军。

孙子提出的观察判断敌情的方法，尽管有些古老、简单，但在现代战争中，也仍有用武之地。例如，第二次世界大战期间，德国潜艇潜入苏联某军港，平常在深海中栖息的鱼群被惊扰浮上海面，因而招来成群的食鱼海鸟。苏联红军将领发现这一异常现象，断定水下可能有德军潜艇。于是，他立即下令封锁港湾，发现并重创了德国潜艇。进入二十一世纪，战争形态发生巨大变化，信息技术在战争中广泛应用，信息战争成为战争的基本样式，各种高技术侦察手段层出不穷，如雷达、预警机、侦察机、侦察卫星、无线电侦听等，这些装备构成了侦察敌情的情报系统，并与指挥、控制、通信等系统组合在一起，构成战场指挥控制系统。侦察敌情的方法和手段与孙子那个时代相比，发生了革命性的变化，但是，孙子提出的观察判断敌情的思想方法仍然具有指导意义。

教育与管理并重的治军原则

孙子在讲了军队行进与驻扎的原则、观察判断敌情的方法之后，又讲到了治军问题，因为一切军事行动必须以军队的训练有素为基础。如何才能让军队训练有素呢？孙子认为，关键是做到治理得法。那么，如何才能做到治理得法呢？孙子提出的具体方法是“用政治道义教化士卒，用军纪军法规范士卒”，教育和管理并重，把厚赏与重罚结合起来。一方面，在进行充分教化的基础上实行严格的管理，这就使得管理的实施，有充分的令人信服的理由，易于为官兵所接受；另一方面，官兵思想的教育，也必须以严格的管理作保障，缺少了严肃的法规法纪，教育就可能流于形式，起不到应有的作用。只有平时对士卒严格要求，到了战

日本随军画家笔下的中日甲午战争

时他们才能服从命令，听从指挥。如果对士卒一味爱抚，忽视教育管理，违法乱纪也不惩治，那他们就好比被宠坏的孩子，根本不能派去打仗，更不能依靠他们去夺取胜利。1894 年，中日甲午战争之前，日军统帅东乡平八郎看到北洋舰队的主力舰——“镇远舰”的炮管上晒着士兵的衣服，栏杆扶梯上有油污，认为清军管理不严，作风松散，就作出了清军不堪一击、必然失败的预言，战争结果和东乡的预测如出一辙。可以说，清朝北洋舰队的惨败，一个重要原因就是部队管理松懈。

孙子提出的教育管理并重的治军思想，对后世产生了深远的影响，代表了中国古代治军思想的一种传统。从历史上看，大凡军纪严明、战斗力强的军队，如南宋时期岳飞训练的“岳家军”、明朝戚继光训练的“戚家军”、清朝曾国藩训练的“湘军”等，都是遵循了孙子所说的治军思想，坚持教育与管理并重的结果。

岳飞的治军方法

南宋时期（公元 1127—1279 年）有位著名军事将领叫岳飞，他统率的军队以军纪严明、战斗力强著称，让敌人闻风丧胆。有人问岳飞，这样的一支部队是怎样打造出来的。岳飞回答说：“仁、智、信、勇、严，缺一不可。”岳飞既爱护士卒，又严格管理，有功必赏，有过必罚。他规定在任何时候都不许侵掠百姓，都要秋毫无犯。一次，有名士兵拿了老百姓一缕麻绳捆草，被杀头示

岳飞像

众。军队夜宿露野，老百姓开门请官兵到家中休息，没有人进去。部队驻营后，岳飞常常带着10来名骑兵到处巡视，严防官兵违反纪律。“岳家军”平时严于守法，保持了“冻死不拆屋，饿死不掳掠”的严明纪律，深得百姓的爱戴和支持；战时士卒们服从命令，奋勇杀敌，战斗力很强，“岳家军”常常以少胜多，连败金兵，为宋朝收复了大片失地。岳飞的治军方法，可以说与孙子教育和管理并重的治军思想一脉相承。

第十篇 《地形篇》

提要：本篇主要论述各种地形的特点和军队在不同地形条件下的作战原则，强调将帅要重视对地形的研究和利用，依据作战规律决定作战行动。

【原文】

孙子曰：地形有通者，有挂者，有支者，有隘者，有险者，有远者。我可以往，彼可以来，曰通；通形者，先居高阳，利粮道，以战则利。可以往，难以返，曰挂；挂形者，敌无备，出而胜之；敌若有备，出而不胜，难以返，不利。我出而不利，彼出而不利，曰支；支形者，敌虽利我，我无出也；引而去之，令敌半出而击之，利。隘形者，我先居之，必盈之以待敌；若敌先居之，盈而勿从，不盈而从之。险形者，我先居之，必居高阳以待敌；若敌先居之，引而去之，勿从也。远形者，势均，难以挑战，战而不利。凡此六者，地之道也。将之至任，不可不察也。

故兵有走者，有弛者，有陷者，有崩者，有乱者，有北者。凡此六者，非天之灾，将之过也。夫势均，以一击十，曰走；卒强吏弱，曰弛；吏强卒弱，曰陷；大吏怒而不服，遇敌怼而自战，将不知其能，曰崩；将弱不严，教道不明，吏卒无常，陈兵纵横，曰乱；将不能料敌，以少合众，以弱击强，兵无选锋，曰北。凡此六者，败之道也。将之至任，不可不察也。

夫地形者，兵之助也。料敌制胜，计险厄远近，上将之道也。知此而用战者必胜，不知此而用战者必败。

故战道必胜，主曰无战，必战可也；战道不胜，主曰必战，无战可也。故进不求名，退不避罪，唯人是保，而利合于主，国之宝也。

视卒如婴儿，故可与之赴深溪；视卒如爱子，故可与之俱死。厚而不能使，爱而不能令，乱而不能治，譬若骄子，不可用也。

知吾卒之可以击，而不知敌之不可击，胜之半也；知敌之可击，而不知吾卒之不可以击，胜之半也；知敌之可击，知吾卒之可以击，而不知地形之不可以战，胜之半也。故知兵者，动而不迷，举而不穷。故曰：知彼知己，胜乃不殆；知天知地，胜乃不穷。

【白话今译】

孙子说：地形有通形、挂形、支形、隘形、险形、远形。我军可以去，敌人可以来的地形，叫做通形。在通形地带，要抢先占据地势高而向阳的地方，保持粮道畅通无阻，这样与敌交战时就有利。可以进入，但难以返回的地形叫做挂形。在挂形地带，敌人如果没有防备，我军就可以突然出击战胜他们；敌人如果预有防备，我军出击不能取胜，又难以返回，这样就对我军不利。我军出击不利，敌军出击也不利的地形叫做支形。在支形地带，敌人即使以利引诱我军，我军也不要出击；可以假装退却，诱使敌人出来一半时，我军突然回击，这样就有利。在隘形地带，如果我军先到达，就要占领各个隘口，以等待敌军来犯；如果敌人先占据隘口，我军就不要去攻击；如果敌人没有占据隘口，那就迅速攻占它。在险形地带，如果我军先到达，就要控制地势高而向阳的地方，以待敌人来犯；如果敌人先到达，就应该率军撤离，不要进攻它。在远形地带，敌我双方的形势均等，不适宜挑战，我军在这种情况下不利于作战。以上六点，是作战中利用地形的基本原则。将帅对此负有重要责任，不能不认真考察研究。

军事上有“走”、“弛”、“陷”、“崩”、“乱”、“北”等六种必败的情况。这六种情况，都不是自然的灾害，而是由于将帅的过失造成的。双方形势均等,去攻击兵力十倍于己的敌人,必会败逃，叫做“走”。士兵强悍，军官懦弱，叫做“弛”。军官强悍，士兵懦弱，叫做“陷”。部将怨怒而不服从指挥，遇到敌人擅自出战，主将又不了解他们的能力，叫做“崩”。主将软弱而无威严，训练不得其法，官兵无军纪约束，布阵杂乱无章，叫做“乱”。将帅不能正确判断敌情，以少击众，以弱击强，作战时又没有精锐的先锋部队，叫做“北”。以上六种情况，是导致作战失败的原因。将帅对此负有重要责任，不能不认真考察研究。

地形是用兵作战的辅助条件。正确判明敌情以夺取胜利，计算地形的险易远近，这是优秀将领的职责。懂得这些道理去指挥作战，就必然胜利；不懂得这些道理指挥作战，就必然失败。

所以，根据作战规律有必胜把握的，即使国君说不要打，坚持打也是可以的；根据作战规律不能取胜的，即使国君说要打，不打也是可以的。所以，进不追求功名，退不逃避罪责，只求保全军队和民众，而又符合君主的利益，这样的将帅是国家的宝贵财富。

将帅对待士卒如同对待婴儿，士卒就可以跟随将帅赴汤蹈火；将帅对待士卒如同对待爱子，士卒就可以与将帅同生共死。但是，对士卒厚待而不能使用，溺爱而不能指挥，违法而不能惩治，那么士卒就犹如骄宠的子女一样，是不能用来作战的。

只知道我军的士卒能打，不知道敌军不可以打，取胜的把握只有一半；知道敌军可以打，但不知道我军的士卒不能打，取胜的把握也只有一半；知道敌军可以打，也知道我军的士卒能打，但不知道地形不利于作战，取胜的把握仍然只有一半。所以，真正懂得用兵的将帅，行动起来不会迷惑，采取的措施变化无穷。所以，了解敌方，了解自己，取胜就不会有危险；了解天时，了解地利，取胜就不会穷尽。

【思想要点】

战争中的六种地形

地形是地貌和地物的总称，地貌指的是地表各种高低起伏的天然形态，如山地、丘陵、沼泽、平原等；地物指的是地表上的各种自然物体和人工建造物，如河流、森林、道路、村庄等。在冷兵器时代，战争主要在陆地上展开，地形条件对军事行动的影响十分重要。美国学者路易·C·佩尔蒂尔在《军事地理学概论》中说："在开阔的草原或平原作战同在森林覆盖、沟沟坎坎的山地作战所采用的战术是不同的。这里，我们可以援用德国的冯·森格尔·埃特将军第二次世界大战期间在南俄罗斯以及后来在意大利采用的不同战术，来说明不同的环境条件下对战术的采用有着不同的制约。"[1] 中国最古老的典籍《易经》中说，在丛林中有我伏兵，又登上高陵进行侦察，往往能战胜敌人。这段话中谈到利用丛林进行埋伏，利用高地进行侦察，这是古代中

战国战车复原模型图

[1] 【美】路易·C·佩尔蒂尔、珀西著，王启昌译《军事地理学概论》，中国·北京：解放军出版社，1988年版，第102页。

国人关于战争中利用地形的较早论述。孙子十分重视地形条件对作战行动的影响，他是中国古代军事地形学说的奠基者。他提出“地形是用兵打仗的辅助条件”的观点。孙子依据对作战行动的影响，把地形分为六种，分析了这六种地形的各自特点，并指出军队在这几种地形中作战应采取的战术原则。

1. 在交通畅通的地带，要抢先占据地势高、便于观察的地方。

2. 在可以进入但难以返回，就像挂在空中的地带，可乘敌人不备时突然出击，战胜敌人；敌人如果预有防备，就不要贸然出击。

3. 在我军出击不利，敌军出击也不利，双方都有支撑，形成对峙局面的地带，要设法诱敌出击，自己不要出击。

4. 在易守难攻的隘口地带，必须抢先占据它。

5. 在地势险要的地带，必须抢占地势高而向阳的地方。

6. 在与敌方集结区域相距较远的地带，不适宜向敌挑战。

孙子认为，这六种地形，是战术地理的一般规律，将领必须了解并熟练运用它。抗日战争中，八路军在神头岭战斗中巧妙利用地形，因地制宜地制定了引敌出动、设伏歼敌的战术，把地形变成八路军对日军作战的重要优势，为夺取战斗胜利创造了条件，是巧妙利用地形夺取胜利的一个典型战例。

阴平古道

刘伯承神头岭设伏败日军

1938年2月中旬，侵华日军集结3万余人的兵力，向中国北部重要山脉——太行山以西进犯。有一条公路横贯太行山脉，是日军的重要运输补给线。为了保护这一交通线，日军在公路沿途各县都派了军队驻守，其分布是：涉县驻敌400余人，黎城驻敌千余人，潞城驻敌2000余人。为了切断日军的运输补给线和打击日军，八路军129师师长刘伯承对着作战地图反复思考，决心对黎城实施强袭，吸引潞城之敌出动救援，在途中设伏将其歼灭，设伏地点就选在潞城东北10多公里处的神头岭。神头岭是一条山梁，只有一二百米宽，日军保护的那条公路恰好在山梁中间蜿蜒而过，路面比两旁的地形略低。公路两侧，有以前修的军事工事，离公路近的20米，远的不过百米。敌人天天往来于山梁上，对此工事早已司空见惯，为潜伏部队提供了很好的隐蔽地点。刘伯承根据战场地形和敌情，定下了在神头岭设伏歼敌的决心与作战部署，由八路军129师385旅第769团负责攻击黎城日军，129师第386旅负责在神头岭设伏歼灭支援黎城的日军。3月16日，刘伯承指挥八路军129师第386旅于拂晓前在神头岭公路两侧设伏。凌晨

刘伯承像

4时，命令129师第769团袭入黎城，与日军展开激战，歼其百余人。黎城受袭，潞城日军以步骑兵1500余人向黎城增援，当其全部进入我神头岭伏击地域时，埋伏于公路两侧的386旅向敌突然发起攻击。日军猝不及防，顿时陷于混乱，且由于狭窄地形限制，兵力兵器难以展开，死伤惨重，除百余人逃回潞城外，其余全部被歼。八路军第129师以伤亡240余人的代价毙伤日军1500余人。

导致失败的六种情形

将帅是决定战争胜负的重要因素之一。战争的指导既受客观条件的限制，又受战争规律的制约。战争指导者必须在全面掌握包括敌方、我方、国际环境以及地理、气候等客观条件的情况后，遵循战争的规律，充分发挥自己的聪明才智，制定切合实际的战略战术，进行正确的战争指导，才能最终夺取战争胜利。如果将领对敌情判断有误或者指挥失当，就可能导致错误决策，最终走向失败。本篇中，孙子列举了由于将帅的错误导致战争失败的六种情形：

1. 敌强我弱，寡不敌众；

2. 士兵强悍，将帅无能；

3. 将帅强悍，士兵懦弱；

4. 部队不听指挥，内部崩溃；

5. 将帅没有威信，管理混乱；

6. 将帅不掌握敌情，缺少战斗力强的精锐部队。

河间府演大操图

孙子指出，这些失败都是由于将帅的过错造成的，有的是因为将帅判断失误，有的是由将帅平时对士兵训练不够、管教不严。因此，孙子把利用地形问题与军队训练管理等治军问题联系起来，他不仅注重地形等客观因素，而且注重发挥人的主观能动性，充分利用地形对我方有利的因素，最大限度地减少地形带来的不利影响，使自己始终处于有利的、主动的地位，为夺取战争胜利创造条件。

夺取胜利的原则

孙子分析了军队作战的六种地形，列举了导致失败的六种情况，接着他论述了如何夺取胜利的问题。《孙子兵法》全书都是在讲夺取战争胜利的问题，但每篇都是从不同角度来论述。本篇中，孙子结合战术地理，主要提出了四条克敌制胜的原则：

1. 对敌情作出正确分析和判断，对地形险易、道路远近做出准确计算。孙子强调将帅要重视对地形的观察和利用，提出："正确判断敌情夺取战争胜利，分析地形的险易，计算道路的远近，这是将帅必须掌握的用兵方法。”

2. 管理好士卒。孙子提出，对待士卒好像对待婴儿和子女一样，关心爱护；同时，还要加强教育和训练，让他们服从命令，听从指挥。孙子特别指出，“对士卒厚待而不能使用，溺爱而不能指挥，违法而不能惩治，那么士卒就如同被宠坏的孩子一样，是不能用来作战的。”

李从珂放纵士兵的代价

中国历史上武将当权的五代时期（公元 907—979 年），先后有后梁、后唐、后晋、后汉、后周五个短命的政权。后唐时有一位叫李从珂的将军，因为骄纵他的士兵，结果导致部队无法管束，兵败自焚。公元 933 年，唐明宗李嗣源病亡，他的儿子李从厚继位，历史上称唐闵帝。由于闵帝李从厚年纪小，朝中的事情都由大臣朱弘昭和冯赟把持。他们为了掌握朝中大权，排除异己，把当时地位、威望很高的李从珂从他管辖控制的地区调往别的地方，遭到李从珂的拒绝。于是，朝廷派兵攻打李从珂。有一位叫杨思权的将军率部投降了李从珂，他们受到李从珂的重赏。其他的军队也纷纷投降。李从珂发令向都城洛阳进军，

神骏图（五代）

告诉军士，凡是攻入洛阳城的都赏钱一百缗。一缗相当于1000文，数目相当可观，将士们都欢呼起来。朝廷派来抵御李从珂的军队纷纷投降，李从珂毫不费力就进了洛阳城，当了皇帝。李从珂即位后，想奖赏军士，发现国库里早就没钱了，于是搜括百姓的钱财，洛阳城里百姓怨声四起。军士得了赏赐，还嫌不够，也十分不满。936年，石璥瑭发动叛乱，李从珂的军队没有作战就投降了。石璥瑭率军攻入洛阳，李从珂又悲痛又后悔，悔当初不应该骄纵士兵，导致这样的结果，绝望中登上城楼自焚了。

3. 将帅要尊重战争规律，而不是迎合君主的好恶。进兵不求战胜的功名，退兵不推卸可能的罪责。

孙子认为，战争关系着国家的存亡和军民的生死。将帅统兵作战，关系到人民的生命财产和国家的安危，责任无比重大。一名优秀的将帅必须将国家和人民的利益置于首位，将个人生死荣辱置于度外。有了这种品质，才能在战场上机断指挥，敢于负责，一切从战场实际出发，坚决按战争的规律决定自己的行动，无论进退，都以战争

剑门关

的需要和国家与人民的利益为准绳。第二次世界大战初期，奥金莱克将军就任中东英军总司令后，丘吉尔要求他必须在一两个月内发动一次沙漠进攻。当时，丘吉尔出于政治上的考虑，想用一场胜利来提振人心士气。奥金莱克仔细考虑后认为，英军还不具备发动攻势的条件，贸然进攻只会使战局更加恶化，因此对丘吉尔的命令坚决予以回绝。丘吉尔多次施压，他都坚持自己的立场。最后，丘吉尔只好收回成命。事后证明，正是由于奥金莱克的坚持，才使英军避免了一次由于决策失误和准备不足而造成的惨败。奥金莱克将军，进不求名，退不避罪，正如孙子所说，“是国家的宝贵财富”。

4. 做到了解敌方，了解己方，掌握天时，熟悉地利。

在《谋攻篇》中，孙子对“了解敌方，了解己方”做了专门论述，在本篇中则侧重于论述掌握和利用地形的问题。在充分掌握地形情况后，抢先占据有利地形，形成对敌作战的地理优势，陷敌于不利境地，为夺取战争胜利创造条件。下面举两个例子，分别从正、反两个方面说明了解和利用地理因素的重要性。

例 1：清朝（公元 1644—1911 年）初年郑成功收复台湾之役。郑成功之所以能够收复台湾，和他了解台湾岛的地形，巧妙利用天候、地理因素，正确选择登陆台湾岛的作战时间和地点密切相关。

郑成功收复台湾

郑成功塑像

清朝初年，占据东南沿海地区的郑成功，为取得一个稳固的反清复明基地，创造进可攻、退可守的有利态势，决定挥师东进，收复被荷兰殖民者侵占的台湾岛。在出兵台湾之前，郑成功暗地派人侦察了荷军情况，收集了台湾岛的地理、海潮情报，勘察了台湾岛沿海地形，探测了登岛的航道，同时摸清了潮汐的情况。台湾有个叫何廷斌的人，曾是郑成功父亲的部下，后来在台湾当了通事（翻译），取得了荷兰驻台总督揆一的信任。他长期居住在台湾，对荷兰殖民者蹂躏台湾各族人民的暴行极为愤慨，多次建议郑成功收复台湾，并把自己亲手绘好的荷军兵力部署图交给郑成功，上面标有台湾的水系、港道及荷军的兵力分布、炮台设置状况。荷军的要塞台湾城、赤嵌城附近海岸曲折，地形复杂，两座要塞之间有一片内海，叫做台江。从外海进入台江有两条航路：一条是经大员港进入的南航道，一条是经鹿耳门港进入的北航道。南航道口宽水深，船易驶入，但港口有敌舰防守，陆上有重炮扼守。北航道水浅礁多，航道狭窄弯曲，有沉船阻塞水路，大船难以通行，故荷兰人并未设防。在一般情况下，大型舰船是无法通过北航道的。但是根据何廷斌勘探以及从台湾渔民那里了解的情况，郑成功得知在每月初一、十六涨大潮时，舰船可以通过北航道进入台江，由此可以避开封锁南航道入口的荷军舰船及其要塞火力的打击。经过反复权衡，郑成功决定利用潮水大涨和浓雾弥漫的气象条件，选择由鹿耳门北航道进入台江，然后在赤嵌城北面的禾寮港登陆。

郑成功收复台湾

公元1661年三月，郑成功正式率军出征，于四月初一拂晓航抵鹿耳门港外。当天，鹿耳门港果然海潮大涨，浓雾弥漫，郑军大小战舰顺利通过鹿耳门港。台湾城上的荷军没有料到郑成功的军队会利用涨潮之机，以浓雾作掩护，从北航道驶入台江，待发现后，以为是神兵从天而降。荷兰军队匆忙组织防御，但为时已晚，郑军在台湾百姓的配合下从禾寮港顺利登陆，立即展开对荷军要塞的围攻。此后，经过数月的攻城、海战和围困，郑成功终于率军打败了荷兰殖民者，收复了被荷兰人侵占 38 年之久的台湾岛。

例 2：发生于 1949 年，中国解放战争中的金门之战。金门之战是解放战争即将结束时中国人民解放军遭受的一次重大损失，失利的主要原因是轻敌和准备不足，尤其是对敌情、海情和岛屿地形缺乏周密细致的调查和研究，忽视了地形、地质、水文、气象等因素对作战的影响。

金门之战的教训

金门岛四面环海，北、西距中国大陆 10 公里左右。该岛东西长 20 公里，南北纵深浅，最窄处仅 3 公里，总面积只有 124 平方公里。岛上海拔最高的地方仅 237 米，地形简单。

1949 年 10 月 24 日晚，解放军第一梯队由 3 个团组成，乘 200 多艘木船于午夜出发，下半夜在金门岛登陆。解放军登岛部队对金门岛及其附近海区的地理条件缺乏调查和正确的认识，第一梯队选择距大陆较远的金门岛西北方向登陆，登陆后没有巩固滩头阵地即向岛内纵深进攻。由于兵力不足，地形不利，登岛部队苦战 3 天，弹尽粮绝，大部壮烈牺牲。

金门之战前，解放军筹集到 200 多条船，只能运输 3 个团的

航拍金门

兵力，指挥员计划用这些船先运送第一梯队3个团兵力登陆，然后船只立即返回再运送两个团的兵力上岛。但在选择登陆时机和上岛时间时，由于对金门岛的潮汐没有认真调查研究，对潮汐的变化规律及影响认识不足，导致解放军在潮汐回落时登陆，船抵滩后因退潮全部搁浅在海滩上被敌炸毁，第二梯队的兵力因无船而无法增援，第一梯队陷入敌军的包围之中孤军奋战，既无援兵也无法后撤，最终导致了金门之战的失利。

第十一篇 《九地篇》

提要：本篇论述了进攻作战中的九种地理环境和在这些环境中的作战原则，强调将帅要掌握将士心理，激励士气，最大限度发挥部队战斗力的问题。本篇核心思想是把握士兵的心理，巧妙地利用它，为夺取战争胜利创造条件。

【原文】

孙子曰：用兵之法，有散地，有轻地，有争地，有交地，有衢地，有重地，有圮地，有围地，有死地。诸侯自战其地，为散地。入人之地而不深者，为轻地。我得则利，彼得亦利者，为争地。我可以往，彼可以来者，为交地。诸侯之地三属，先至而得天下之众者，为衢地。入人之地深，背城邑多者，为重地。行山林、险阻、沮泽，凡难行之道者，为圮地。所由入者隘，所从归者迂，彼寡可以击吾之众者，为围地。疾战则存，不疾战则亡者，为死地。是故散地则无战，轻地则无止，争地则无攻，交地则无绝，衢地则合交，重地则掠，圮地则行，围地则谋，死地则战。

所谓古之善用兵者，能使敌人前后不相及，众寡不相恃，贵贱不相救，上下不相收，卒离而不集，兵合而不齐。合于利而动，不合于利而止。敢问："敌众整而将来，待之若何？"曰："先夺其所爱，则听矣。"

兵之情主速，乘人之不及，由不虞之道，攻其所不戒也。

凡为客之道：深入则专，主人不克；掠于饶野，三军足食；谨养而勿劳，并气积力，运兵计谋，为不可测。投之无所往，死且不北；死，焉不得士人尽力。兵士甚陷则不惧，无所往则固，深入则拘，不得已则斗。是故其兵不修而戒，不求而得，不约而亲，不令而信。禁祥去疑，至死无所之。吾士无余财，非恶货也；无余命，非恶寿也。令发之日，士卒坐者涕沾襟，偃卧者涕交颐。投之无所往者，诸、刿之勇也。

故善用兵者，譬如"率然"；"率然"者，常山之蛇也。击其首则尾至，击其尾则首至，击其中则首尾俱至。敢问："兵可使如'率然'乎？"曰："可。"夫吴人与越人相恶也，当其同舟而济，遇风，其相救也，如左右手。是故方马埋轮，未足恃也；齐勇若一，政之道也；刚柔皆得，地之理也。故善用兵者，携手若使一人，不得已也。

将军之事：静以幽，正以治。能愚士卒之耳目，使之无知。易其事，革其谋，使人无识；易其居，迂其途，使人不得虑。帅与之期，如登高而去其梯；帅与之深入诸侯之地，而发其机，焚舟破釜；若驱群羊，驱而往，驱而来，莫知所之。聚三军之众，投之于险，此谓将军之事也。九地之变，屈伸之利，人情之理，不可不察。

凡为客之道：深则专，浅则散。去国越境而师者，绝地也；四达者，衢地也；入深者，重地也；入浅者，轻地也；背固前隘者，围地也；无所往者，死地也。

是故散地，吾将一其志；轻地，吾将使之属；争地，吾将趋其后；交地，吾将谨其守；衢地，吾将固其结；重地，吾将继其食；圮地，吾将进其涂；围地，吾将塞其阙；死地，吾将示之以不活。

故兵之情：围则御，不得已则斗，过则从。

是故不知诸侯之谋者，不能预交；不知山林、险阻、沮泽之形者，不能行军；不用乡导者，不能得地利。四五者，不知一，非霸、王之兵也。夫霸、王之兵，伐大国，则其众不得聚；威加于敌，则其交不得合。是故不争天下之交，不养天下之权，信己之私，威加于敌，故其城可拔，其国可隳。施无法之赏，悬无政之令，犯三军之众，若使一人。犯之以事，勿告以言；犯之以利，勿告以害。

投之亡地然后存，陷之死地然后生。夫众陷于害，然后能为胜败。

故为兵之事，在于顺详敌之意，并敌一向，千里杀将，此谓巧能成事者也。

是故政举之日，夷关折符，无通其使；厉于廊庙之上，以诛其事。敌人开阖，必亟入之。先其所爱，微与之期。践墨随敌，以决战事。是故始如处女，敌人开户；后如脱兔，敌不及拒。

【白话今译】

孙子说：根据用兵的原则，作战区域有散地、轻地、争地、交地、衢地、重地、圮地、围地和死地。诸侯在本国境内作战的区域，叫做散地。进入敌国作战但没有深入的区域，叫做轻地。我方得到有利、敌方得到也有利的区域，叫做争地。我方可以去、敌方可以来的区域，叫做交地。同多个诸侯国相毗邻，先到就可以获得诸侯国援助的区域，叫做衢地。深入敌国腹地，背靠众多敌方城邑的区域，叫做重地。山林、险阻、沼泽这类难于通行的区域，叫做圮地。进军的道路狭窄、撤兵的道路曲折遥远，敌人用少量兵力就可以战胜我方众多兵力的区域，叫做围地。奋力作战就能生存，不奋力作战就会灭亡的区域，叫做死地。因此，在散地就不要恋战，在轻地就不要停留，在争地就不要强攻，在交地就不要断绝联络，在衢地就结交诸侯，在重地就掠取粮草，在圮地就迅速通过，在围地就设谋脱险，在死地就力战求生。

古代善于指挥作战的人，能够使敌军前后不能相互策应，大部队和小部队无法相互依靠，官兵之间不能相互救援，上下级之间无法聚集纠合，士卒离散难以集中，即使集中起来，阵形也不整齐。符合自己的利益就采取行动，不符合我的利益就停止行动。试问："敌军人数众多，阵势严整，向我发起进攻，该怎样对付它呢？"回答是："先夺取敌人的要害之处，它就不得不听从我们的摆布了。"

用兵的原则关键在于迅速，乘敌人不及防备的时候，由敌人没有料到的道路，攻击敌人没有戒备的地方。

在敌国境内作战的一般规律是：深入敌国腹地，军心就会专一，敌人就不能战胜它；在敌国富饶的田野上掠取，全军就有了足够的粮草；注意休整部队，不要使其过于疲劳，保持士气，积蓄力量；部署兵力，巧设计谋，使敌人无法猜测我方意图。将部队置于无路可走的绝境，士卒就会宁死不逃；士卒宁死不逃，哪里会不尽力作战呢。士卒深陷危险的境地，就不再害怕；无路可走，就军心稳固；深入敌境，就军心凝聚；遇到迫不得已的情况，军队就会拼死战斗。因此，军队不用整治就能保持戒备，不用强求就能完成任务，不用约束就能相互亲近，不用三令五申就会遵守纪律。禁止占卜吉凶，消除士兵的疑虑，他们至死也不会逃离。我军士卒没有人要多余的钱财，不是厌恶财物；没有人想保全生命，不是厌恶长寿。当作战命令颁布之日，坐着的士卒泪沾衣襟，躺着的士卒泪流满面。但把他们投置到无路可走的绝境，他们就会像专诸、曹刿一样的勇敢。

善于指挥作战的人，能使部队如同“率然”一样。“率然”，是常山的一种蛇。打它的头，它的尾巴就来救应；打它的尾部，它的头就来救应；打它的中部，头尾就会一齐来救应。试问：“可以使部队像‘率然’一样吗？”回答是：“可以。”吴国人和越国人是互相仇视的，但他们共同乘船渡河遇上大风时，就会如左右手一样相互救援。因此，把战马并排绑在一起，把车轮埋入地下，想以此来稳定军心，是靠不住的；能使士兵勇敢作战如同一人，靠的是组织管理的方法；使士兵强健的和羸弱的都能发挥作用，靠的是利用地理环境的特点。所以善于用兵的人，使军队携手团结如同一人，是将他们置于迫不得已境地的结果。

统率军队的方法：将领要沉着冷静而幽深莫测，公正严明而治理有方。能蒙蔽士卒的视听，使他们对于将领的意图毫无所知。改变作战部署，更改原定计划，使人们无法识破真相；变换作战营地，故意迂回行进，使人们无法猜测将领的想法。将领向部队下达作战任务，要像让他们登上高处然后抽掉梯子一样，使得部队有进无退；将领率领士卒深入诸侯国土，要像弩机射出的箭那样一往无前，烧掉船只，打破饭锅（以显示死战的决心）；要像赶羊那样，把士兵赶过去又赶过来，使他们不知道要到哪里去。集结军队，把他们放到险恶的境地，这是指挥军队的方法。九种地区的应变处置，攻守进退的利弊得失，官兵心理的变化规律，是不能不认真考察的。

在敌国境内作战的规律是：进入敌境深，军心就稳固；进入敌境浅，军心就涣散。离开本土，进入敌境作战的地区，叫做绝地；四通八达的地区，叫做衢地；进入敌境纵深的地区，叫做重地；进入敌境浅近的地区，叫做轻地；背靠险阻、前有隘口的地区，叫做围地；无处可走的地区，叫做死地。

因此，在散地，要统一部队的意志；在轻地，要使部队紧密相连；在争地，要攻击敌人的后翼；在交地，要谨慎防守；在衢地，要巩固与诸侯国的结盟；在重地，要保持粮草的供应；在圮地，要迅速通过；在围地，要派兵占据缺口；在死地，要显示死战到底的决心。

士卒的心理状态是：陷入包围就会竭力抵抗，迫不得已就会拼死战斗，身处绝境就会听从指挥。

不了解各诸侯国的意图，就不能预先和他们结交；不熟悉山林、险阻、沼泽等地形情况，就不能贸然行军；不利用向导，就不能获得有利的地形。以上九种地区，如有一种不了解，就不能成为霸主、王者的军队。凡是霸主、王者的军队，进攻敌对大国，能使敌国的军民来不及动员集中；兵威加在敌人头上，能够使它无法与别国结交。因此，不必争着同天下的诸侯结交，不必在别国培养自己的势力，只要伸张自己的意图，把兵威施加在敌人头上，就可以夺取敌人的城镇，摧毁敌人的国都。施行不合惯例的奖赏，颁布突破常规的号令，指挥全军就如同指挥一个人。向部下部署任务，但不说明作战意图；使用士兵，只告诉有利的条件，不告诉他们危险的因素。

把士卒放到亡地，才能保存自己；使士卒陷于死地，才能死中求生。军队深陷于绝境，然后才能奋勇拼杀赢得胜利。

指导战争这种事，在于谨慎地观察敌人的战略意图，集中兵力于一个方向，千里奔袭，擒杀敌将，这就是所谓的以巧取胜。

在决定战争行动的时候，要封闭关口，废除通行凭证，不允许敌国使者往来；要在庙堂里反复谋划，作出决策。一旦敌人有机可乘，就要迅速地乘虚而入。先攻击敌人的要害部位，不必与敌约定日期。既要执行作战计划，又要根据敌情灵活应变。起初要像处女那样柔静，使敌人放松戒备；尔后则要像逃脱的兔子一样行动迅速，使敌人来不及抵抗。

【术语解释】

主客：中国古代重要军事术语。主，指在本土作战的军队，或实施防御作战的军队；客，指进入敌境作战的军队，或实施进攻作战的部队。它们的含义后来又有所扩展，如我方为主，敌方为客；实力强大一方为主，实力虚弱一方为客；占据主动一方为主，处于被动一方为客。

【思想要点】

不同地理环境下的作战指导

不同的作战环境对军队的影响是不同的。孙子强调将帅要掌握不同作战地区的特点及其对官兵心理状态产生的不同影响，正确地进行作战指挥。

我们先看一个中国古代的战例。这场战争发生在中国历史上魏、蜀、吴并立的三国时期（公元 220—280 年）。当时，三国并立的局面刚刚形成，三方都努力发展自己的实力，扩大地盘，企图消灭其余两方，统一全国。一天，吴国大将吕蒙对吴国国君孙权说："近来魏国派人在长江北岸的皖城（今安徽省庐江）屯田，大面积种植水稻。那里土地肥沃，水稻产量高，那样一来，魏国就可以在皖城驻扎更多士兵，对我军形成威胁，应该想办法尽早除掉它。"孙权认为吕蒙说得很对，于是亲自率军攻打皖城。一到皖城，孙权便召集诸将商量攻城的办法。有人建议在城外堆土山，准备攻城器械，待一切准备齐全后再攻城。吕蒙反对这种建议，认为这样会使战争时间延长，皖城敌军加强防备，增加援兵，那时就难攻取了。孙权考虑到皖城是魏国靠近吴国边境的一座小城，进攻皖城，进入敌境不深，军心容易涣散，不应该长久滞留。因此，他采纳了吕蒙的建议，下令吴军全力攻城，只用大半天时间就把皖城攻下来了。这个战例中，孙权依据的正是孙子提出的"进入敌境不深，不要久留"思想。

吕蒙像

本篇中，孙子从进攻作战的角度，把军队由国内到敌境所经过的作战地域划分为九种，提出了针对不同作战地区的指导原则。仔细分析九种作战地区，我们可以将它们大致归纳为三类：

第一类包括从本土到敌境进攻作战中，士兵具有不同心理状态的三种作战地区：（1）在本土作战，士卒容易有逃散之心，不要急于和敌人决战。（2）初入敌境，士卒仍有逃跑的想法，应迅速深入敌境，不要过多停留。（3）深入敌境，应注意解决部队的后勤保障。

第二类主要是地形有利、战略地位重要、敌我双方争夺的三种作战地区：（1）在易守难攻、敌我双方争夺的地区，应抢先占领，以占据主动。（2）在道路通畅的交通要道地区，随时可能与敌人遭遇，应严密部署，防备敌人突然进攻。（3）在与多国相邻的战略枢纽地区，应结交盟国，争取支援。

第三类主要是地形复杂，部队容易陷于被动的作战地区：（1）在地形复杂、难于通行的地区，部队容易困乏疲惫，应设法迅速通过。（2）在进退不方便、兵力不好展开的地区，部队容易被敌人包围，应尽快找到出路。（3）在没有逃跑的道路的地方，部队别无选择，只有拼死一战。

纵观中外历史上的战争，我们可以发现孙子关于九种战略地理的论述，都可以找到很多生动的战例为佐证；这些战争的成败，也可以从是否遵循这些作战方针中寻找原因。

掌握士兵的心理状态，激励士气

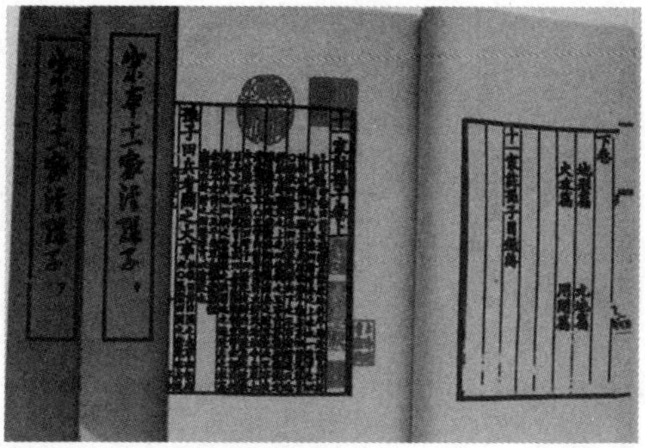
宋本《十一家注孙子》书影

战争是敌对双方综合实力的较量，双方实力的对比“不但是军力和经济力的对比，而且是人心和人心的对比。军力和经济力是要人去掌握的”。[1] 军心士气是影响战争胜负的重要精神因素。因此，如何凝聚军心，激励士气，是战争指导者需要认真考虑的一个重要问题。孙子是中国历史上第一位系统论述军事心理问题的军事思想家。《孙子兵法》中关于军事心理的论述非常广泛，可以说是贯穿全书的一个重要内容，既有对个体心理与集体心理的分析，也有对将帅心理和士兵心理的研究。孙子强调，作战指导中要准确把握和利用敌我双方的心理状态及其变化规律，认为这是将帅必须认真研究和周密考察的。

本篇的核心内容就是军心士气问题，孙子重点分析了进攻作战中士兵的心理变化规律。他认为，在敌国境内作战的一般规律是，越是深入敌国腹地，军心就越巩固。部队在自己家乡作战，军心容易涣散，士兵容易逃亡；如果远离乡土，深入敌国腹地，

[1] 《毛泽东选集》，中国·北京：人民出版社 1991 年版，第 2 卷，第 469 页。

或者处境危险,他们就会拼死作战,变得非常勇敢。孙子重点指出,军队处于无路可走的绝境,不需要将帅下达命令,全军上下就会在强烈的求生欲望的驱使下,全力以赴,与敌人决一死战。基于这一认识,他提出了利用军队心理的具体方法:设法把军队引入险境以激发斗志。他认为,把军队投入到危险的境地,是统率军队作战的一个重要任务。而要做到这一点,将帅需要推行"愚兵"政策,让士兵不了解将帅的意图,像驱赶羊群一样,随意驱使他们;像登高之后去掉梯子一样,让他们处于危险的境地。一旦士兵进入"奋战才能生存,不奋战就得死"的险境,人类求生的本能便开始发挥作用,就能激发出士兵的最大潜能,这样的部队就能成为一支战斗力强大的勇猛之师。

南朝大型铜弩机

尽管孙子关于军事心理的论述不可避免地带有一些历史局限性(如"愚兵"的思想),但他重视军心士气,主张遵循人的心理规律来激发人的积极性、主动性的思想,具有普遍的指导意义和实践价值。

战略突袭的思想

孙子主张积极进攻，反对消极防御，强调进攻的突然性，并专门就如何进行战略突袭进行了系统论述。孙子之所以重视战略突袭，是因为在他那个时代，战争规模小，战争时间短，成功的战略突袭就预示着战争的胜利。孙子的战略突袭思想主要有四个方面内容：一是战前秘密谋划，隐蔽准备，一切准备工作都要在极其隐蔽的状态下进行。封锁关口，不准人们随便出入国境，避免敌方的间谍潜入侦查我方情况；也不让敌国使臣来，防止他们察觉我方的动向。二是准确把握进攻时机，正确选择主攻方向。通过运用谋略，让敌人麻痹大意，放松戒备，暴露弱点，在敌人力量薄弱之处发起攻击。三是迅猛突击，灵活应变。孙子认为，战略突袭一旦开始，就必须集中优势兵力，以迅猛的速度，打击敌人的要害之处，消灭敌人的有生力量，使敌人措手不及，丧失主动。四是大胆深入，直捣敌人的腹心地区。在孙子那个年代，各诸侯国的防御大多是一种据守要地的点式防御，大纵深的战略突袭，直捣敌国腹心，可以使敌国的战争机器迅速陷于瘫痪。概括地说，孙子所主张的战略突袭，是要以优势的兵

铜虎符

力，多变的战术，出敌不意的时机和方向，深入敌国腹地，给敌人以突然地、沉重地打击，打乱敌军的指挥部署，摧毁敌方的抵抗意志，夺取战争胜利。这是中国历史上关于战略突袭的最早、最系统论述。孙子亲身参与的吴国军队千里奔袭，攻破楚国，直捣楚都——郢的柏举之战，是孙子战略突袭思想在战争实践中成功运用的一个经典范例。

柏举之战

柏举之战是春秋时期发生在吴国和楚国之间的一场重要战争。当时，吴国是春秋晚期勃兴于南方地区的一个国家，它在发展过程中，与南方地区的强国楚国产生了尖锐的矛盾，以至长期兵戎相见。当时总的趋势是，吴国逐渐由弱变强，楚国日益衰弱，终于导致了决定两国命运的关键之战——柏举之战。

郢都故址纪南城

战前双方的形势是：吴国方面，吴王阖闾是一位英明有为的君主，他即位以后，励精图治，发展生产，改良吏治，整军经武，积极从事争霸大业。楚国方面，同晋国长期征战，争霸中原，搞得民疲财竭，国力衰落。同时楚国内部政治黑暗，民众怨愤，君臣离心，虽然貌似强大，实则外强中干，已非昔日强楚。

吴国秘密谋划，制定了打败楚国的战争计划。第一，伐灭楚国的羽翼——徐和钟吾这两个小国，为进而伐楚扫清道路。第二，采用“疲楚误楚”的策略，将吴军分为三支，轮番出击，骚扰楚军，害得楚军疲于奔命，斗志沮丧；同时，又给楚军造成错觉，误以为吴军的行动仅仅是“骚扰”而已，放松了应有的警惕。第三，结交同盟国，孤立楚国。公元前506年秋，楚国大军围攻与吴国友好的蔡国，蔡国急忙向吴国求救。另外，唐国国君因怨恨楚国的侵凌勒索，主动与吴国通好，请求助吴抗楚。唐、蔡两国虽是小国，但其位居楚国的北部侧背，战略地位相当重要。吴国通过和它们结盟，可以实施其避开楚国正面，从北面进行战略迂回的作战计划。

公元前506年冬，吴王阖闾亲率大军，乘楚军连年作战极度疲惫，东北部防御空虚薄弱之隙，进行战略奇袭。在蔡、唐军队引导下，吴军毫不费力地就通过楚国北部的要塞，挺进到楚国腹心地区的汉水东岸。吴军如神兵天降，楚军仓猝应战，

春秋吴国大翼战船

两军隔着汉水互相对峙。楚军采取错误的冒进速战的方针，吴军见有机可乘，采取了后退疲敌、寻机决战的方针，主动由汉水东岸后撤。楚军中计，尾随吴军而来，连续与吴军交战，却连连失败，士气低落，军队疲惫，楚军陷入十分被动的困境。吴王阖闾见楚军已陷困境，当机立断，决定同楚军进行战略决战，在一个名叫柏举的地方列阵迎战楚军。吴王的弟弟率领五千精兵向楚军发起突击。楚军一触即溃，阵势大乱。阖闾见弟弟突击成功，马上将吴军主力全部投入战斗，大胜楚军。楚军主力在柏举决战遭重创后狼狈向西溃逃。吴军及时实施战略追击，尾随不舍，连续大败楚军。吴军长驱直入，势如破竹，仅用十天时间，就一举攻入郢都，楚王慌忙地逃往别的国家去了。

随着时代的发展，战争形态也不断发生变化，战争规模逐渐扩大，战争持续时间也在延长，战略突袭成功之后，不一定能夺取战争最后胜利，但是，战略突袭的地位依然重要。成功的战略突袭，能打乱敌方部署，有助于夺取战争主动权，或者夺取战争初期的阶段性胜利，为最终战胜敌人创造条件，孙子关于战略突袭的论述仍然具有现实指导意义。

第十二篇 《火攻篇》

提要：本篇主要讲的是在战争中如何运用火攻的问题，思想要点有两个：一是孙子强调火攻是军事进攻的重要辅助手段，要求将帅们必须熟练地加以运用；二是孙子看到水火无情，战争残酷，提出应当谨慎地对待战争，战后要及时巩固胜利成果的思想。

【原文】

孙子曰：凡火攻有五：一曰火人，二曰火积，三曰火辎，四曰火库，五曰火队。行火必有因，烟火必素具。发火有时，起火有日。时者，天之燥也；日者，月在箕、壁、翼、轸也。凡此四宿者，风起之日也。

凡火攻，必因五火之变而应之：火发于内，则早应之于外；火发兵静者，待而勿攻，极其火力，可从而从之，不可从而止；火可发于外，无待于内，以时发之；火发上风，无攻下风；昼风久，夜风止。凡军必知有五火之变，以数守之。

故以火佐攻者明，以水佐攻者强。水可以绝，不可以夺。

夫战胜攻取，而不修其功者，凶，命曰“费留”。故曰：明主虑之，良将修之。非利不动，非得不用，非危不战。主不可以怒而兴师，将不可以愠而致战；合于利而动，不合于利而止。怒可以复喜，愠可以复悦；亡国不可以复存，死者不可以复生。故明君慎之，良将警之，此安国全军之道也。

【白话今译】

孙子说：火攻的形式有五种：一是焚烧敌军人马，二是焚烧敌军粮草，三是焚烧敌军辎重，四是焚烧敌军仓库，五是焚烧敌军粮道。实施火攻必须具备一定的条件，火攻器材必须平时准备好。放火要看天时，起火要选日子。所谓天时，是指气候干燥的时候；所谓日子，是指月亮行经“箕”、“壁”、“翼”、“轸”这四个星宿所处位置的时候。凡是月亮在这四个星宿位置的时候，就是起风的日子。

凡是火攻，必须根据以下五种情况的变化而灵活处置：在敌营内部放火，要及早派兵从外面进行策应；火已烧起而敌军依然保持镇静，应等待而不要马上发起进攻，等火势烧到最旺之时，可以进攻就进攻，不可以进攻就停止；火可以从外面燃放，就不必等待内应，根据时机放火就行了；从上风放火，不要从下风进攻；白天风刮得久了，夜晚就会停止。军队都必须懂得这五种火攻方法的变化，掌握好火攻的时机。

用火来辅助进攻，效果就会明显；用水来辅助进攻，攻势会加强。水可以隔绝敌军，但不能夺取敌人的军需物资。

打了胜仗，攻占了土地城镇，若不能巩固胜利成果，就必定会有祸患，这种情况叫做“费留”（钱财耗费，军队滞留）。所以明智的国君要慎重考虑，贤良的将帅要认真对待。不能获利就不要妄动；不能取胜就不要用兵；不到危急关头就不要开战。国君不可因一时的愤怒而兴兵，将帅不可因一时的气恼而求战。符合己方的利益才用兵，不符合己方的利益就停止。愤怒可以重新变为欢喜，气恼也可以重新变为喜悦，但是国家灭亡了却不能再存在，人死了也不能再重生。对待战争，明智的国君应该慎重，贤良的将帅应该警惕，这是安定国家、保全军队的道理。

【术语解释】

费留：中国古代军事术语。意为财力耗费，军队滞留。孙子指出，取得战争胜利而不能巩固胜利成果，造成人力和物力的浪费，会给国家带来祸患。君主和将帅应慎重地考虑这个问题，避免这种情况的发生。

【思想要点】

火可以用来辅助进攻

火是一种自然力，存在于自然界中。一百万年前，猿人就开始使用自然界的火。火的使用，使人类走出茹毛饮血的阶段，也使人类获得了保护自己和围捕猎物的一个原始工具。在战争中，人们也注重利用火，把火作为辅助进攻的重要手段之一。

孙子是历史上第一位对火攻问题进行理论总结的军事家，他论述了火攻的地位与作用，火攻的方法与时机，火攻与进攻行动的配合等问题。古时的火攻，简单地说就是放火烧敌，人们用易燃的秸秆、芦苇、麻布等，浇上动物油脂或植物油，用弓、弩、抛石机等远射兵器射向敌方，或者用兵士、动物携带，纵火攻击敌人。火攻的目标，主要有敌军人马、敌军粮草、敌军辎重、敌军仓库和敌军粮道等。敌方一旦起火，便会发生混乱，难以组织有效防御，甚至不战自败。实施火攻需要一定的天气条件，天气干燥、有风的时候，能够增强火

宋代火车

攻的效果；而天气潮湿甚至下雨的天气，就不适宜火攻了。历史上就有这样的战例，火攻时下起大雨，必然无法达到预期效果。火攻是进攻的辅助手段，进攻行动需要根据火攻的情况灵活处置，才能收到良好的效果。历史上成功运用“火攻”的战例很多，发生在三国时期的赤壁之战，无疑是中国人最熟悉的一个经典战例。这场战争中，孙权与刘备的联军之所以能够以少胜多、战胜曹操的军队，一个关键因素就是他们成功地运用了火攻战术。

赤壁之战

这场战争发生在东汉（公元 25—220 年）末年，当时天下分裂，诸侯纷争。曹操统一了北方地区，积极做向南方进军的准备。南方地区的主要割据势力有两支：一是占据东南地区的吴国孙权，一个是荆州地区的年老多病的刘表。公元 208 年七月，曹操亲率大军南征，第一个目标就是刘表控制的荆州。因为荆州不仅物产丰富，而且地处长江中游，为南北交通的战略要道。后来建立蜀国的刘备，这时在刘表手下，负责荆州北面的防务，以阻止曹操军队南下。八月，刘表病死，其次子刘琮继任荆州牧。刘备退守长江南岸的樊口（今湖北鄂城西北）。曹操占据了荆州附近的几个战略要地后，继续向东进军，企图乘胜顺流东下，吞并东吴。在这种危急形势下，孙权、刘备两家决定联合起来，共同抗曹。

十一月，东吴的将军周瑜率兵与刘备会师，在赤壁（今湖北

赤壁古战场

蒲圻西）与曹军遭遇。曹军初战不利，与孙、刘联军隔江对峙。曹军水土不服，疾病流行。加上曹军多是北方人，不习惯于水上的风浪颠簸，便用铁环把战船连结起来，以减轻船体的晃动。周瑜的部将黄盖针对敌强我弱，不宜持久作战，以及曹军士气低落、战船连接等实际情况，建议实施火攻，奇袭曹军战船。周瑜采纳了这一建议，秘密制定了运用火攻、乘乱攻击敌人的作战计划。

周瑜利用曹操骄傲轻敌的弱点，先让黄盖写信向曹操诈降，并与曹操事先约好了投降的时间和方式。曹操踌躇满志，不知是计，冒然接受了黄盖的“归降”。于是，黄盖率数十艘战船，满载干草，灌以油脂，巧加伪装，插上旌旗，向江北驶去，同时预备快船系挂在大船之后，以便放火后换乘。

发起进攻那天，正刮着东南大风，战船飞速向曹军接近。曹军以为这是黄盖前来投降，都伸长脖子观望，毫不戒备。黄盖在距离曹军船队二里许，下令放火。一时间风猛火烈，船行如箭，径直向曹军冲去。曹军船只首尾相连，分散不开，移动不便，顿时成了一片火海，火势熊熊，一直烧到了岸上的曹军营寨。曹军上下被这场突如其来的大火烧得惊慌失措，乱作一团，烧死、溺死者不计其数。在长江南岸的孙、刘联军主力船队乘机擂鼓前进，横渡长江，大败曹军，扩大战果。曹操被迫率军由陆路经华容向江陵方向撤退，孙、刘联军乘胜追击。曹操见大势已去，便留下曹仁、徐晃驻守江陵，乐进驻守襄阳，自己率领残兵败将退回北方。赤壁之战至此以孙权、刘备方面大获全胜而宣告结束。

火烧赤壁图

现代战争中，火攻尤其是对敌坚固防御阵地实施火攻，能收到其他攻击方式难以替代的效果。第二次世界大战太平洋战争期间，美国对日本本土实施的战略轰炸中，大量使用燃烧弹，使日本的 64 座城市遭燃烧弹轰炸，并引起大火，在精神和物质方面给日本以沉重打击。

美国对日本的“现代火攻术”

太平洋战争期间，美国为了摧毁日本的物质财富，使日本丧失战争实力和潜力，针对日本城市房屋密集、多是木结构、极易燃烧的特点，从1944年开始，利用高性能的燃烧弹，集中对日本城市实施大规模战略轰炸，使城市燃起大火，烧毁其物质财富和工业设施，其摧毁力之大，出乎意料。

轰炸日本的美国B–29飞机编队

1944年5月9日夜，美国300多架B–29轰炸机飞往东京，每架飞机携载6吨燃烧弹，将燃烧弹全部投掷在东京的居民密集区，被炸地区立刻成为一片火海，美军返航机组人员在250公里以外仍可看到东京冲天的火光。东京有几处大火烧了4天才被熄灭。在这场大火中，成千上万的人陷入火海，死亡的人大多因燃烧耗尽氧气窒息而死。在一座剧院里，窒息而死的人堆在一起有2米高，无数的尸体漂浮在河上。仅这一次轰炸，东京就有25万栋房屋被烧毁，100多万人无家可归，63%的商业区化为灰烬。5月26日，500架B–29轰炸机在东京北部和西部的居民区投掷了4000吨燃烧弹，这是最激烈的一次燃烧弹突击。燃烧弹爆炸引起的大火自天而降，人在火海中痛苦地挣扎。美国对日本本土战略轰炸出动飞机最多的一天是1945年7月10日，那一天有2000多架B-29轰炸机和护航歼击机轰炸了从九州到东京一线的许多城市。据统计，自1944年11月下旬至1945年8月15日，美国对日本共出动飞机51903架次，空袭353次，投弹16080吨，日本98座城市遭到轰炸，其中64座城市遭燃烧弹轰炸。有的城市被毁街区40%—60%，有的几乎成为废墟。大城市房屋的烧毁率，东京和横滨地区达到56%，名古屋市达52%，大阪神户地区达57%，烧毁的房屋总数约143万栋。中小城市的烧毁率更高，如福井市达96%。这些城市的损害大部分是由燃烧弹引起大火造成的。毁灭性的轰炸，使日本城市的物质财富遭到极大损失，战争实力和潜力被严重削弱，使日本的民心士气受到严重打击,厌战情绪不断滋长。美军对日本的轰炸,收到了震慑日本、瓦解日本斗志的效果。

战后要巩固胜利成果

打了胜仗，占领了敌方的土地，夺取了敌方的城镇，俘虏了敌方的军民，如果不能及时巩固这些胜利成果，反而可能给己方带来灾祸。这是2500多年前孙子发出的警世箴言。孙子之所以提出这一问题，与他亲身经历的吴楚战争有关。公元前506年，吴军攻入楚国都城，大肆烧杀淫掠。吴王阖闾进入楚王的宫

战国楚长城遗址，河南南阳

殿，霸占了楚王的后宫，为此，还和他的弟弟夫概发生争斗。吴将伍子胥为报楚平王杀死父兄之仇，掘开楚平王的坟墓，鞭打楚平王的尸体。吴军的这些暴行激起楚国军民的愤怒和抵抗，不久，吴军就败退回国。这一亲身经历让孙子深刻地认识到，夺取战争胜利，并非大功告成，敌我的较量也没有停止，如果不及时巩固战争胜利的成果，这是极其危险的！最危险的时刻有时不是大敌当前，而是胜利之后。孙子的高明之处就在于他能超越军事来看待战争，能超越战争看待胜利，认识到夺取胜利只是达成战略目标的一种手段，胜利的目的是让自己变得更强大，这样才能取得更大胜利，才能永立于不败之地。明朝末年，农民领袖李自成发起了轰轰烈烈的大起义，起义军一度攻陷明朝的统治中心——北京城，可惜

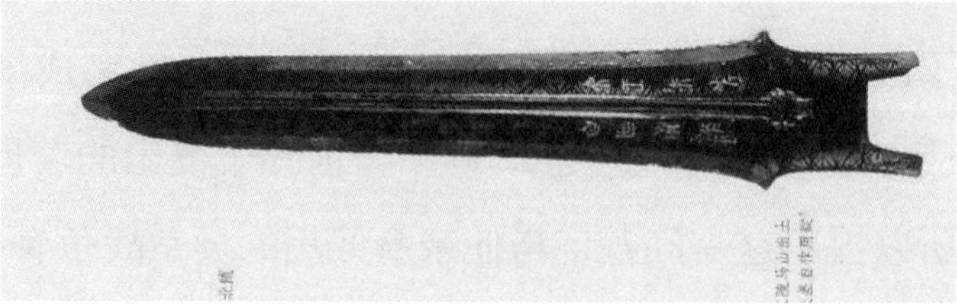
吴王夫差矛

的是，起义军没有及时巩固胜利成果，骄傲轻敌，放松警惕，结果转胜为败，这一历史教训值得人们深思。

李自成转胜为败的教训

明朝末年，李自成领导的农民起义军攻陷当时明朝的都城北京。他自以为大功告成，产生了骄傲轻敌思想。只派少数兵力征讨南逃的明朝残余势力，对东北地区崛起的清政权缺乏警惕，对屯兵山海关的明军将领吴三桂采取招降策略，没有及时给予军事打击。在北京城内，有些高级将领忙于追赃拷掠，有些将领开始追求享乐，把生死攸关的军事斗争放在一边。起义军的纪律也松

山海关

懈下来，出现危害百姓的现象，也无人过问。在这种情况下，起义军不仅遭到明残余势力的反抗，也遭到民众的抵制。同年，吴三桂降清，引清军进入山海关，李自成只做了 18 天皇帝，就被迫退出北京，他领导的明末农民起义很快就失败了。李自成的教训说明，仅仅取得战争胜利是不够的，打了胜仗，不修明政治，不巩固胜利的成果是很危险的！

战争决策不能意气用事，必须慎重

《孙子兵法》第一句说，战争是国家最重要的事情，关系着军民的生死和国家的存亡，必须慎重对待。这句话代表了孙子对战争的态度，体现了孙子战争观的核心内容。《作战篇》中，孙子又从战争对国家经济消耗的角度，提出慎战问题。在其他篇章中，也多次论述到慎战的问题。可以说，慎战思想是贯穿《孙子兵法》全书的一个重要内容。在古时，中国人常常用火灾来比喻战争，认为战争的破坏力就像发生火灾一样，会把辛苦取得的成果瞬间化为灰烬，常用“不要玩火”、“玩火自焚”告诫那些好战者，不要轻易发动战争。本篇中，孙子由火攻的威力，联想到战争的危害，在论述火攻之后，再一次重申了他的慎战思想。

孙子提出，战争决策应以“利”为衡量标准，“符合己方的利益就用兵，不符合己方的利益就停止”，强调“不能获利就不要妄动；不能取胜就不要用兵；不到危急关头就不要开战”，反对穷兵黩武；强调“国君不可因一时的愤怒而兴兵，将帅不可因一时的气恼而求战”，反对意气用事、情感决策；强调英明的君主和高明的将帅都对战争必须慎之又慎，反复考虑，对发动战争一定要慎重决策，周密谋划。德国在第一次世界大战中失败后，威廉二世读到德文版《孙子兵法》中上面这段话，感叹道：“可惜战前没看到这本书。”发生于公元前632年的晋楚城濮之战，由于楚王谋划不周，决策不慎，楚将意气用事，怒而用兵，导致了楚国的惨败。这一战例再次提醒人们，一定要牢记孙子所提出的战争警示！

德皇威廉二世

城濮之战

城濮之战是中国历史上春秋时期晋、楚两个诸侯国进行的一场战争。战争的直接原因是晋国支持宋国抗拒楚国。楚王派兵攻打宋国，宋国向晋国求救。晋国国君晋文公和大臣们周密谋划后，认为这是和楚国进行决战，夺取中原地区霸权的好机会，于是，决定起兵援助宋国。

晋国君臣十分重视这次军事行动，战前进行了周密地谋划。

军事上，决定不直接救宋，而首先讨伐楚国的盟国——曹国和卫国，迫使楚国援救曹、卫，这样，宋国的问题也就解决了。外交上，设法孤立楚国。晋国的这个方案真是高明，可以引诱楚国军队北上，自己以逸待劳，静待楚军。楚王见形势不利，命令大臣子玉撤回围困宋国的军队，并告诫子玉，不要和晋军交战。子玉一向狂傲，不听楚王劝告，派人向楚王请求出战，要求增援。楚王尽管不想与晋国交战，却又向子玉增派了援军。楚王的做法，显然是考虑不周，决策不慎。

子玉得到楚王的增援，更加狂傲。他派人到晋军中，要求晋国从曹、卫撤兵，楚军也从宋国撤军。子玉的这个计划是个一石三鸟之策。如果晋答应他的要求，则曹、卫、宋三国都会感激楚国。如果晋不答应他的要求,那么曹、卫、宋三国将会怨恨晋国。晋国君臣识破了子玉的计谋，他们将计就计，私下答应恢复曹、卫，让他们断绝与楚国的关系，又扣留楚国的使者以激怒子玉。子玉大怒，贸然率军北上攻击晋军。

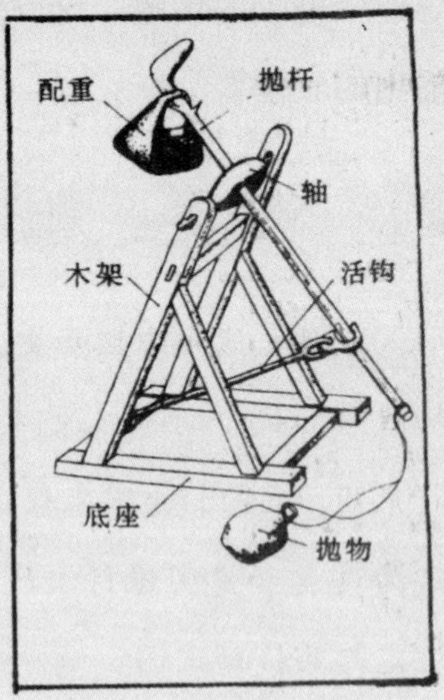

元代回回砲复原图

面对楚军的进攻，晋军从曹国主动后撤。子玉率军急进，两军对峙于一个叫城濮的地方。子玉狂傲声称，今天一定要灭了晋军。当时的军队都分三军，晋军分上、中、下，楚军分左、中、右。两军接触之时，晋军先向楚军力量薄弱的右翼——陈、蔡军队发起冲击，陈、蔡军惊骇逃散，楚右军溃败。子玉见右军溃败，怒火中烧，加强对晋中军和上军的攻势。晋上军假装撤退，引诱楚军。子玉命令楚左军追击，对右翼军的溃败并未理会。楚左军追击晋上军时，侧翼暴露，遭到晋中军的截击，与晋上军同时夹攻楚左军，楚左军也溃败。子玉此时见其左、右两军均已失败，大势尽去，不得已下令中军迅速脱离战场，才得以保全中军。楚军战败后，子玉羞愧难当，自杀身亡，城濮之战以晋军获得决定性胜利而结束。

第十三篇 《用间篇》

提要：本篇讲的是怎样使用间谍来获取敌方情报的问题。孙子强调了使用间谍获取情报的重要性，总结了使用间谍的五种方法，提出使用间谍的三大原则，主张各种间谍方法综合运用，使敌人防不胜防。

【原文】

孙子曰：凡兴师十万，出征千里，百姓之费，公家之奉，日费千金。内外骚动，怠于道路，不得操事者，七十万家。相守数年，以争一日之胜，而爱爵禄百金，不知敌之情者，不仁之至也，非人之将也，非主之佐也，非胜之主也。故明君贤将，所以动而胜人，成功出于众者，先知也。先知者，不可取于鬼神，不可象于事，不可验于度，必取于人，知敌之情者也。

故用间有五：有因间、有内间、有反间、有死间、有生间。五间俱起，莫知其道，是谓神纪，人君之宝也。因间者，因其乡人而用之。内间者，因其官人而用之。反间者，因其敌间而用之。死间者，为诳事于外，令吾间知之，而传于敌间也。生间者，反报也。

故三军之事，莫亲于间，赏莫厚于间，事莫密于间。非圣智不能用间，非仁义不能使间，非微妙不能得间之实。微哉微哉！无所不用间也。间事未发，而先闻者，间与所告者皆死。

凡军之所欲击，城之所欲攻，人之所欲杀，必先知其守将、左右、谒者、门者、舍人之姓名，令吾间必索知之。

必索敌人之间来间我者，因而利之，导而舍之，故反间可得而用也。因是而知之，故乡间、内间可得而使也；因是而知之，故死间为诳事可使告敌；因是而知之，故生间可使如期。五间之事，主必知之，知之必在于反间，故反间不可不厚也。

昔殷之兴也，伊挚在夏；周之兴也，吕牙在殷。故惟明君贤将能以上智为间者，必成大功。此兵之要，三军之所恃而动也。

【白话今译】

孙子说：凡是兴兵十万，出征千里，百姓的耗费，国家的开支，每天消耗许多金钱。前方后方动荡不安，民夫戍卒在路上奔波，不能从事正常生产的，有七十万家。这样相持数年，为了一朝决胜。如果君主、将帅吝惜爵禄和金钱，不了解敌情，就是不仁慈到了极点。这种人不配作士兵的统帅，算不上国家的辅佐，不能成为胜利的主宰。英明的君主和贤良的将帅之所以一出兵就能战胜敌人，功业超越常人，就在于能事先了解敌情。要事先了解敌情，不能祈求于鬼神，不能用相似的事去类比推测，不能用星象位置去占卜验证，一定要通过人去了解，即通过熟悉敌情的人来获取情报。

使用间谍的方式有五种：因间、内间、反间、死间、生间。五种间谍同时使用，使敌人无法知道我使用间谍的规律，这是最神妙莫测的方法，也是国君克敌的法宝。所谓因间，是利用敌国的乡人当间谍。所谓内间，是利用敌方的官吏当间谍。所谓反间，是使敌方间谍为我所用。所谓死间，是指散布假情报，使我方间谍知道，并传给敌方间谍。所谓生间，就是能够活着回来报告敌情的间谍。

军队中的事，没有比将领与间谍的关系更为亲近的，没有比对间谍的奖赏更为优厚的，没有比使用间谍的事更为秘密的。不是有非凡智慧的人不能使用间谍，不是仁慈果敢的人不能指使间谍，不是用心微妙就不能得到间谍的真实情报。微妙呀，微妙呀！无处不用间谍！间谍的工作还没有进行，事先就被人知道，间谍和他所告知的人都要被处死。

凡是想要攻打的军队，想要攻占的敌方城池，想要杀掉的敌方人员，都必须预先了解敌方守城将领、左右亲信、传达信息人员、城门官吏、门客幕僚的姓名，命令我方间谍必须将这些情况侦察清楚。

一定要查出来侦察我方情况的敌方间谍，趁机以重金收买他们，诱导他们为我所用，然后放回去。这样，我方就可以得到反间并使用它了。通过反间了解到敌方的情况，乡间、内间手段就可以使用了。通过反间了解到敌方的情况，死间就可以传送假情报给敌人了。通过反间了解到敌方的情况，生间就可以如期返回报告敌情了。五种间谍的运用，国君都必须了解掌握。而掌握敌情的关键在于对反间的使用，所以，对待反间不可不优厚。

从前殷商的兴起，是因为伊尹曾经在夏朝做间谍；周朝的兴起，是因为姜子牙曾经在商朝做间谍。所以，明智的国君，贤能的将帅，能够任用智慧高超的人充当间谍，就一定能成就伟大的功业。这是用兵的关键，军队行动的依据。

【思想要点】

间谍的重要性

战场上的一切决策和行动，都必须以准确地、全面地了解敌情为前提；不了解敌情，就会陷于被动、盲动，甚至导致失败。战争中，敌情隐秘而多变，充满了诡谲的佯动和假象，虚实莫测，真假难辨。这就需要决策者和指挥员充分发挥间谍的作用，去刺探和了解敌人的真实情况和意图。

军事间谍的历史十分悠久。中国古人称间谍为“间”。“间”

长城

字的本意是“空隙”、“缝隙”，后来引申为利用敌方可乘之机，以刺探敌方情报。早在春秋战国时期，间谍活动就已十分活跃，并且形成一定的规模，有了初步分工。中国古代战国时期成书的著名兵书《六韬》中记载，当时将帅身边有七十二人，其中有的负责通过与外界的交往，听风声，观动静，查明天下形势，了解敌军情况；有的负责宣扬将帅的威名声誉，以震骇远方、动摇邻国、削弱敌军；有的负责察明敌方奸佞，刺探敌国变乱，操纵敌国民心，观察敌人意图，进行间谍活动。《六韬》中的这一段话反映了当时各国从军事、政治、情报等的要求出发，已有了初步分工的间谍组织。

信陵君重视用间

战国时期，魏国的信陵君重视用间，善于利用手下的门客刺探他国情报。《史记·魏公子列传》就记载了这样一个故事：一次信陵君与魏王下棋，传报北方边境上升起了烽火，说是赵国入侵了，而且马上就进入边界。魏王马上抛开棋盘，准备紧急召集众臣商议对策。信陵君却按住魏王说，赵王是出来打猎，并不会来犯。魏王将信将疑，于是又开始下棋，但魏王心里惧怕，棋下得心不在焉。一会儿，北方又传来消息说：赵王只是打猎而已，不是入侵。魏王听后大吃一惊，问信陵君为什么猜得这么准，信陵君就说，臣有门客能探听到赵王的秘密行动。赵王的一举一动，门客都会及时报告给臣，所以臣知道。

孙子说，中国最早的三个王朝夏朝、商朝和周朝，他们的兴亡都与间谍有关。商朝的兴起，是因为有伊尹在夏朝了解了情况；周朝的兴起，是因为有吕牙在商朝了解了情况。英明的君主，优秀的将帅，要想成就自己的丰功伟业，就必须任用智慧超群的人充当间谍。

伊尹和吕牙

伊挚，即伊尹。伊尹本是夏朝（约公元前22世纪—前16世纪）最后一位国君——桀的臣民，作为商汤妻子有莘氏的陪嫁，随之入商。商汤发现了他卓越的才干，任他为宰相。商汤曾先后五次派伊尹潜入夏朝，暗中进行间谍活动。伊尹把夏桀沉溺酒色、修筑酒池肉林、百姓怨声载道等情况报告给商汤，这些情报对商汤灭夏起了重要的作用。

伊尹像

姜子牙蟠溪垂钓图

吕牙，即姜子牙。在周（公元前 11 世纪—前 221 年）灭商（公元前 16 世纪—前 11 世纪）的过程中，姜子牙起到了跟商灭夏时伊尹一样的作用。公元前 11 世纪，周武王领兵攻打商。此前，周武王曾三次派间谍潜入商，观察商的国情，搜集情报。第一次，间谍回来报告说："商朝昏君执政，奸臣当道。"周武王由此判断伐商时机未到。第二次，间谍回来报告说："商的贤臣良将全被放逐了。"周武王仍然按兵不动。第三次，间谍报告说："现在商的老百姓们都闭口不敢说话了。"周武王觉得时机成熟，于是率兵出征，打败了商朝的军队，灭了商朝。

孙子认为，间谍是三军行动的依据，是将帅用兵成败的关键，他把间谍的重要性强调到无以复加的程度。孙子从反、正两个方面来分析这个问题：孙子指出，发动一场大规模战争，对国家财政和经济的损耗是巨大的。如果君主和将领因为没有使用间谍，使军队在不了解敌情的情况下与敌作战，那就是置国家的利益和士兵的生命于不顾。接着，孙子又从正面强调，通过用间而达成对敌情的“先知”，是进行战争必不可少的一个重要环节，是战争中了解敌情的手段、决策的基础、行动的依据、战胜敌人的前提。这一思想深刻反映了孙子朴素唯物论的哲学观，指明了正确指导战争的必由之路。在今天的信息化战争中，情报的重要性更加突显，尽管获取敌情的手段先进了、复杂了，但间谍的作用依然重要，依然是获取敌方情报不可或缺、无法替代的重要手段之一。下面我们以第二次世界大战期间的著名间谍“佐尔格”为例，来说明现代间谍的无边威力。

著名间谍佐尔格

1941 年太平洋战争爆发之前，苏联同日本缔结“日苏中立条约”，同德国签订“德苏互不侵犯条约”。可是，同年 6 月，德国进攻苏联，由于苏联准备不足，德军长驱直入逼至莫斯科城下。苏军统帅部在制定反攻计划时，对是否调用西伯利亚集团军犹豫不定。因为，苏联领导人斯大林最担心日本废弃“日苏中立条约”参战，那样苏联将陷入两线作战的困境。当时，日本政府与统帅部大多主张南进战略，解决美国

佐尔格像

对日禁运；外相松冈洋右则主张趁苏联陷于困境之机北上。可以说，日本的战略选择直接关系着苏联的前途命运。在这紧要关头，苏军统帅部接到了从日本发来的重要情报，这份情报称“1941 年 9 月 15 日以后，可以认为苏联远东排除了来自日本方面的威胁”。发来这份重要情报的就是苏联间谍佐尔格。

佐尔格是德国人，1933 年作为新闻特派员来到日本，因为他有很好的教养，对日本的政治、经济、民情有深入了解，很快便博得德国驻日大使的青睐，聘他为经济顾问。他的任务是刺探紧邻苏联远东地区满洲日军的动态。佐尔格经德国大使引见，接近日本首相近卫文麿，成为近卫家的常客。佐尔格不断获得重要情报送给苏联。当日本政府和统帅部就南下与北上发生战略争执时，佐尔格与尾崎、西园寺等人努力向近卫灌输南进的好处，导致日本在 7 月 2 日御前会议上制定出以“不对苏参战，准备包括占领法属印度支那在内的对美战争”为主要内容的“帝国国策要纲”，佐尔格立即将此情报通报给莫斯科。

斯大林收到佐尔格的情报后，当即将西伯利亚集团军调往欧洲战场，在莫斯科城下遏制住了德军的进攻并转向反攻。可以说，正是佐尔格这个杰出的间谍解救了苏联，也正是他，将日本拖进太平洋战争，并最终导致日本的失败。

使用间谍的方法

孙子在论述了间谍的重要性之后，接下来讲的是如何使用间谍的问题。孙子将用间的方法分为乡间、内间、反间、死间、生间五种，主张综合运用这五种方法，让敌人无法弄清我方使用间谍的规律，防不胜防。他认为，这五种用间方法中，最重要的是反间。因为只有通过反间，才可能知道敌人最核心的秘密；只有通过反间，才能了解、掌握敌人内部哪些人可以成为乡间、内间，并使他们为我所用；只有通过反间，才能让死间去向敌人的间谍报告假情况；只有通过反间，才能使生间将获得的敌方情报如期送回。孙子强调，五种用间的方法，君主和将帅都必须掌握，最重要的是掌握运用反间的方法。在战国时期秦、赵两国进行的阏与之战中，赵国名将赵奢利用秦国派遣的间谍传递假情报，造成秦军的误判，从而赢得了宝贵的时间，抢先占据了有利地形，以逸待劳，大破秦军，是成功运用反间的一个典型战例。

阏与之战

阏与之战发生在中国二千多年前的战国时期（公元前 475—前 221 年）。公元前 270 年，秦国越过韩国，进攻当时的另一个强国——赵国的一个叫阏与的地方，这个地方形势十分险要。赵王任命著名的将领赵奢为主将，带兵前去援救阏与。赵奢领兵没走多远就驻扎下来，因为当时秦军实力强盛，锐气十足，赵奢有意让秦军知道赵军并不想去救阏与。驻扎下来后，赵奢下令全军，有提议和秦军作战的，一律杀头。赵军中有人提出出兵和秦军交战，马上被赵奢下令处死了。就这样，赵军一直在原地坚守了28天。秦军见赵军坚守不战，不明赵军企图，于是派间谍混入赵军军营，侦察赵军动静。赵奢知道秦军间谍入营后，并不加以防范，还故意让间谍了解赵军加强营垒，继续坚守的情况。间谍回去后把赵军继续坚守的情报告诉了秦军将领，秦军将领们以为赵奢并不想援救阏与，于是放缓了进军的日程。赵奢在秦军间谍离开后，立即下令全军轻装，急速奔向阏与。两天一夜之后，赵军赶到了距阏与50里的地方驻扎下来，并修筑了工事，以待秦军。秦军这时也正赶往阏与。赵军中的军士许历向赵奢献计说：秦军没有料到赵军会这样快到达这里，我军一定要用重兵把守要道，同时还应抢先占据北山，不然就会失败。赵奢完全同意许历的主张，派兵1万人直奔北山，作好充分的战斗准备。赵军准备好后，秦

赵武灵王胡服骑射图

军才赶到，仓促进攻北山，企图占据有利地形。这时赵奢一声令下，赵军居高临下，势如破竹；秦军土崩瓦解，溃败而逃。赵军顺利完成了保卫阏与的任务。

用间的方法在实践中不断丰富发展。中国明朝学者揭暄在《兵经》一书中总结了用间的方法。他认为，巧妙地使用间谍可以除掉敌人的心腹，杀掉敌人的爱将，打乱敌人的作战计划。使用间谍的方法有：派往敌人内部离间敌人，获得敌情后返回报告；故意制造假情况，由我方间谍传给敌方；通过向敌方写书信，造成敌人互相猜忌；故意丢失我方作战文件，让敌方得到后上当受骗；散布谣言，造成敌方国君和将帅相互怀疑；编造歌谣在敌国中流传，借以除去我心头之患；用音乐歌曲减消敌军士气；用重金贿赂敌国君或主将的心腹，使他多进谗言；向敌人贡纳一些物品来欺骗麻痹敌人；用封官许愿的办法让敌营中的人为我服务；用收买或重施恩惠的办法使敌间谍倒戈，为我所用；利用敌国的乡民为我提供情报；利用我在敌营中的朋友获取情报；利用美女的姿色来取得敌情；对敌方属民广施恩惠，使其主动向我提供情况。

美国中央情报局总部

可见，用间的方法更加多样。

现代战争中的间谍战，花样翻新，错综复杂。丘吉尔在谈到第二次世界大战中间谍情报战时说："在特工工作的高级范畴里，许多案例中的事实，都同异想天开的冒险故事和传奇式的虚构一模一样。盘根错节中的盘根错节，阴谋和反阴谋，诡计和叛卖，骗局和骗局中的骗局，真间谍和假间谍，双重间谍，黄金与刀剑，炸弹，匕首和行刑队，这一切都缠绕在一个又一个的结构中，错综复杂，令人难以置信，然而却是真实的。特工组织的首脑和高级官员陶醉于这些地下迷宫之中，并且以冷静和默不作声的热情执行他们的任务。"[1] 现代战争中，各种科技手段和间谍设备的使用，将间谍工作推进到一个全新的阶段。

使用间谍的原则

孙子提出，使用间谍必须遵循三个基本原则，即信任、厚赏、保密。要给间谍以充分信任，因为情报工作的复杂性，决定了相关人员相互间绝对信任、彼此默契的必要性，这其中的任何误解和猜忌都有可能使整个情报工作毁于一旦；要给间谍以优厚的待遇，以此来褒奖和鼓励情报人员，保障其工作的开展；要严格保密，由于情报工作事关战争胜负和国家安危，绝对保密是成功使用间

[1] 【英】安东尼·布朗著，刘其中、金绍卿等译《兵不厌诈》(上)，中国·北京：新华出版社 1982 年版，第 1 页。

谍的前提。如果用间的秘密被事先泄露出去，影响很恶劣，后果极为严重，间谍和知情者都将被杀死！

在中国历史上，苏秦可以说是最伟大的间谍之一。在上世纪七十年代出土的汉代竹简《孙子兵法》中记载，燕国的兴起，是因为苏秦在齐国做间谍的缘故。苏秦的出现，不仅帮助燕昭王成功实现了削弱齐国、复兴燕国的这个“无法完成”的任务，而且直接改变了战国时期的战略格局。苏秦不惜以自己的生命为代价来报效燕国，最重要的原因就是要报答燕昭王对他的知遇和重用；其间谍活动的成功，则得益于燕昭王对苏秦的充分礼遇、信任和事机的密而不泄。燕昭王与苏秦的故事，印证了孙子所说用间三原则的重要性和正确性。

《战国纵横家书》片断之一

《战国纵横家书》片断。《战国纵横家书》汇集了燕昭王与苏秦的往来信件，其中透露出苏秦为燕国进行间谍活动的详细过程。

燕昭王与苏秦

公元前 314 年，燕国发生内乱，齐国乘机大举进攻，几乎灭掉了燕国。在燕国人民的奋力反抗和各国的干预下，齐国才不得不从燕国撤兵。3 年后，燕昭王即位，决心复兴燕国并报仇雪恨。为此，燕昭王专门盖了一座台子，里面堆放着黄金，作为招揽人才的费用。苏秦来到燕国，受到燕昭王的赏识和重用，并逐渐成为燕昭王的亲信。燕昭王把国家复兴的希望寄托在苏秦身上。

公元前 300 年，燕昭王第一次派苏秦到齐国进行间谍活动。这次间谍活动的目的主要是使齐国不要谋取燕国，同时破坏齐国与赵国的关系，让齐国和赵国都无暇进攻燕国。苏秦在齐国呆了 5 年，进行了大量的间谍活动，齐兵尽管多次出击，但都没有攻打燕国，齐与赵的关系也是一美一恶，一合一离。而燕国则在与齐、赵的三边关系中坐收渔利，游刃有余，既可以同齐一起攻打赵国，也可以同赵国一起进攻齐国，处于较为有利的地位。

苏秦像

燕昭王身边曾有人毁谤苏秦，说苏秦是个左右摇摆、出卖国家、反复无常的臣子，会给燕国带来祸乱。苏秦回到燕国，向燕昭王表明自己的忠诚，及时化解了燕昭王的疑虑，燕昭王对他更加信任。

公元前 292 年，齐、赵、秦三国

争夺宋国土地，苏秦再次被燕昭王派到齐国，以助齐攻宋为名，企图借助秦、赵的力量，达到打败齐国的目地。公元前 286 年，齐国攻打并吞并了宋国，各诸侯国都感到十分震惊，害怕齐国会攻打自己。燕国乘机积极活动，联合诸侯国一起攻打齐国。公元前 284 年，各诸侯联军在燕国大将乐毅的指挥下，突然袭击齐国。由于齐闵王对苏秦十分信任，并把燕国视为安全的后院，所以对燕国方面的进攻毫无防备。当遭到联军的猛烈突袭时，齐国几乎没有还手之力，结果遭到惨败。这时，苏秦的间谍身份也完全暴露了。齐闵王暴怒之下，将苏秦车裂于市。苏秦虽然死了，但他的间谍故事却永远流传。